Ezequiel Gallo

CARLOS
PELLEGRINI

Los Nombres del Poder

c
f
e

FONDO DE CULTURA ECONÓMICA

DIRECTOR GENERAL
Miguel de la Madrid Hurtado

Los Nombres del Poder

EDITOR	Alejandro Katz
DIRECTOR	Luis Alberto Romero
JEFA DE PROYECTO	María Florencia Ferre
SECRETARIO DE REDACCIÓN	Lucas Luchilo
INVESTIGACIÓN ICONOGRÁFICA	Graciela García Romero
	Susana Zicarelli
FOTOGRAFÍAS	Graciela García Romero
DISEÑO Y DIAGRAMACIÓN	Carmen Piaggio
COMERCIALIZACIÓN	Horacio Zabaljáuregui
PROMOCIÓN	Alejandro Archain
PLAN DE MARKETING	Alberto Wilensky
ADMINISTRACIÓN Y FINANZAS	María Cristina Rodríguez

AGRADECIMIENTOS

Archivo General de la Nación; Biblioteca Nacional; Jockey Club y el personal de su biblioteca; Museo del Banco de la Nación Argentina; Museo Histórico de la Ciudad de Buenos Aires "Brigadier General Cornelio Saavedra"; Museo Histórico Nacional; Museo Mitre.
También han brindado su colaboración Tomás Vallée, Arnaldo Cunietti Ferrando, Roberto Muller y Elisa Pastoriza.

Impreso en el mes de abril de 1997 en Artes
Gráficas Corín Luna, Gregorio de Laferrère 1331/33,
Capital Federal, República Argentina.
© 1997 Fondo de Cultura Económica, Suipacha 617;
1008 Buenos Aires
ISBN: 950-557-229-8
Queda hecho el depósito que marca la ley 11.723

EZEQUIEL GALLO

CARLOS

PELLEGRINI

ORDEN Y REFORMA

cfe

LOS NOMBRES DEL PODER

GUÍA
PARA UNA FÁCIL LECTURA

RETRATO DEL PERSONAJE 9

***CARLOS PELLEGRINI INTENTÓ CONSTRUIR
UNA FUERZA CONSERVADORA CON ARRAIGO EN LA OPINIÓN PÚBLICA*** y relativa independencia de las presiones del poder central y de la influencia de los caudillos locales (p. 10). Nacido en una familia vinculada activamente con la vida social de la ciudad de Buenos Aires, mostró desde su juventud sus condiciones de líder (p. 12). Hacia principios de la década de 1870, entró de lleno en la política, enrolado en el autonomismo (p. 14). Sus preferencias políticas por el republicanismo democrático coexistieron con una intensa aversión a cualquier intento de vulnerar la organización estatal vigente (p. 25). Hacia el final de su vida, prestó particular atención al problema de la falta de participación política de la burguesía argentina y la reforma política (p. 31). Sus principales preocupaciones en el terreno económico fueron el problema del proteccionismo comercial y las cuestiones monetarias y bancarias (p. 38). En su trayectoria política puede identificarse una primera etapa, en la que la consolidación del orden político fue su preocupación dominante (p. 45). Pellegrini acompañó como vicepresidente la candidatura de Juárez Celman (p. 50) y como resultado de la revolución de 1890, ascendió a la Presidencia (p. 54). Pellegrini intervino decisivamente en las negociaciones que culminaron con la llegada a la Presidencia de Luis Sáenz Peña (p. 59). En las elecciones presidenciales de 1898 apoyó la candidatura de Julio A. Roca (p. 64). A partir de su ruptura con Roca, Pellegrini inició una nueva etapa de su vida pública, en la que la reforma política ocupó el centro de su interés (p. 66). El 17 de julio de 1906, falleció en Buenos Aires (p. 71).

EL TRIBUNAL DE LA HISTORIA 75

***LA PERSONALIDAD Y EL ESTILO DE CARLOS PELLEGRINI
SON RETRATADOS CON ADMIRACIÓN*** por Paul Groussac, uno de sus grandes amigos (p. 76). Un grupo de desterrados radicales, en cambio, resposabiliza a Pellegrini de haber establecido el estado de sitio sin justificación (p. 78). Otro de sus amigos, Estanislao Zeballos, evoca en 1906 al "más humano de nuestros hombres políticos" (p. 80). José Luis Romero analiza en 1946 el apoyo de Pellegrini a la causa de la reforma política (p. 82). Emilio Hardoy reivindica en 1983 la vigencia del mensaje de Pellegrini para "emprender el aggiornamiento del país" (p. 83). Rodolfo Puiggrós muestra en Pellegrini su faceta de "campeón del librecambio" y su enérgica defensa de la libertad electoral (p. 85).

LOS TEXTOS SELECIONADOS RECOGEN DIFERENTES
VERTIENTES DE LA ACTUACIÓN PÚBLICA Y DEL PENSAMIENTO DE PELLEGRINI: un fragmento de su tesis doctoral sobre el derecho electoral (p. 88); fragmentos de varios mensajes y discursos que revelan su preocupación por el orden (p. 91), una exposición de su pensamiento proteccionista en la Cámara de Senadores de la Nación en 1899 (p. 92); un fino análisis de la situación política nacional en 1900 en una carta a Estanislao Zeballos (p. 95); algunas de sus opiniones sobre la cuestión social (p. 96); distintos fragmentos de sus cartas de los Estados Unidos, publicadas en 1906 (p. 97); una apreciación sobre la evolución política del país y la necesidad del cumplimiento efectivo del sistema de gobierno previsto en la Constitución (p. 99), un fragmento de su último discurso parlamentario (p. 100).

CRONOLOGÍA   *102*

LA CRONOLOGÍA PRESENTA UNA SÍNTESIS DE LOS PRINCIPALES
MOMENTOS DE LA VIDA DE PELLEGRINI. Se destacan diversos acontecimientos de importancia en su trayectoria política y personal, acompañados por una cronología que incluye algunos hechos fundamentales de la historia nacional y mundial.

BIBLIOGRAFÍA   *108*

LA BIBLIOGRAFÍA INCLUYE LA PRODUCCIÓN ESCRITA DE PELLEGRINI, CONFORMADA
POR UNA EXTENSA GAMA DE DISCURSOS políticos y parlamentarios, artículos periodísticos y algunas contribuciones en revistas especializadas. Comprende además una selección comentada de los principales trabajos sobre Pellegrini y su época, y algunas obras de referencia sobre el período a nivel nacional y mundial.

LAS IMÁGENES

ENTRE LAS IMÁGENES SE DESTACAN DIVERSOS CONJUNTOS
TEMÁTICOS DE ILUSTRACIONES RELACIONADAS CON LA VIDA familiar, social y política de Pellegrini: retratos de familia (p. 16), imágenes de su juventud (p. 20), pinturas realizadas por su padre (p. 22), huellas de su experiencia militar (p. 26), su relación con el puerto de Buenos Aires (p. 30), imágenes de la revolución de 1890 (p. 36), fotografías de su presidencia (p. 39), diversos acontecimientos en el Jockey Club (p. 44), una selección de sus retratos (p. 46), recuerdos de sus temporadas en Mar del Plata (p. 48), fotografías con Pellegrini en el hipódromo (p. 52), su casa y su despacho (p. 60), imágenes de sus últimos viajes (p. 62), caricaturas sobre algunos momentos de su actuación pública (p. 67), sus últimos discursos (p. 70), una fotografía de su entierro (p. 73).

CARLOS PELLEGRINI

ORDEN Y REFORMA

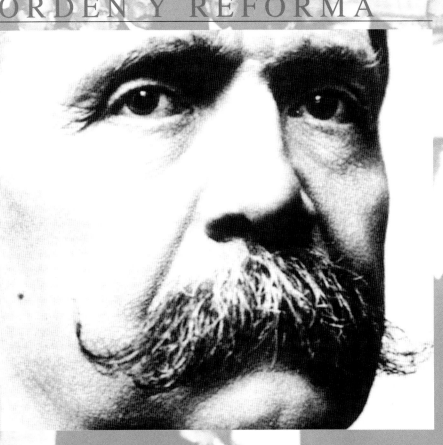

EN LOS ÚLTIMOS AÑOS DE SU VIDA, CARLOS PELLEGRINI intentó adecuar el viejo Partido Autonomista Nacional a los rápidos cambios que estaban transformando la sociedad argentina. Procuró, en otras palabras, crear una fuerza conservadora con arrai-

go en la opinión pública y sin dependencia excesiva de los favores del poder central o de la influencia de los caudillos lugareños. Para lograrlo pensó que era indispensable sanear las prácticas electorales y así generar una competencia activa y leal entre las agrupaciones políticas. La muerte lo sorprendió prematuramente cuando estaba en los albores de esta tarea. Su heredero político, Roque Sáenz Peña, pudo implementar parte de ese programa con la sanción de la ley electoral de 1912, pero le faltó tiempo y energía para organizar esa fuerza política que con tanto afán había perseguido Pellegrini. A partir de la muerte de Sáenz Peña en 1914, la agrupación proyectada comenzó a declinar gradualmente hasta su virtual desaparición. La muerte de Pellegrini en 1906 le había asestado el primer golpe de fuste y así lo percibió el presidente José Figueroa Alcorta cuando en su entierro pronunció una frase que hoy parece premonitoria: "¡Ha caído el más fuerte!"

La persona que promovió este movimiento político se fue perfilando con caracteres nítidos en la segunda mitad de la década del setenta cuando rondaba los 30 años de edad. Hay aspectos de su vida anterior, sin embargo, que dejaron huellas significativas en sus años maduros. Para comenzar, las circunstancias familiares y su educación no fueron las habituales en la época. Carlos Pellegrini nació el 11 de octubre de 1846 en Buenos Aires cuando la larga dictadura de Juan Manuel de

FIRMA DE CARLOS PELLEGRINI

Rosas entraba en su último ciclo. Su padre, de quien heredó el nombre, era un ingeniero saboyano que arribó al Río de la Plata atraído por Rivadavia para ocuparse de las aguas de la ciudad. Al llegar, con este proyecto desbaratado por los cambios de gobierno y sin posibilidades de ocuparse en su profesión, comenzó a ganarse la vida como retratista y muy pronto se convirtió en uno de los pintores más requeridos de la sociedad porteña. Tenía, además, una gran curiosidad por los debates políticos y sociales que se desarrollaban en el continente europeo. Se cuenta, por ejemplo, que en su biblioteca figuraban las revistas especializadas de mayor influencia en Gran Bretaña (*The Edinburgh Review, The Quarterly Review* y *The Westminster Review*). Su mayor legado intelectual fue la *Revista del Plata*, la publicación literaria y política más prestigiosa en el modesto Buenos Aires de esos tiempos.

Su madre, María Bevans, era hija del ingeniero británico Santiago Bevans que había arribado al Río de la Plata en circunstancias anteriores y similares a las de su futuro yerno. Por el lado materno, María Bevans era sobrina del conocido político liberal inglés John Bright, cofundador de la Liga de Manchester y estrecho colaborador del célebre William Gladstone. La características y relaciones de los miembros de la familia la ubicaron en un lugar central de la vida social, cultural y política de la ciudad de Buenos Aires.

Fue su padre quien lo inició en las primeras letras en una estanzuela que la familia tenía en Cañuelas, y de la cual se desprendió al poco tiempo. La enseñanza posterior la recibió de una tía materna que se la impartió en inglés, lengua que Pellegrini manejó con fluidez durante toda su vida. Se dice que ese aprendizaje habría dejado una leve huella en su pronunciación castellana, y que posiblemente fue el origen del apodo, "El gringo", al que apelaron tanto sus amigos más cercanos como quienes lo conocieron sólo de nombre. Las peculiaridades de su dicción no le impidieron adquirir rápidamente autoridad y popularidad entre sus compañeros del Central Buenos Aires. Popularidad que no fue ganada con logros académicos sino con una conducta franca y bullanguera sostenida por una inusual fortaleza física. Sus "hazañas" en las habituales riñas callejeras entre los estudiantes y los empleados del Mercado ("tiperos") han sido evocadas casi hasta el

PORTEÑO. «PORTEÑO COMO EL QUE MÁS, Y MÁS PORTEÑO AÚN EN ALGUNAS FASES DE SU PERSONALIDAD PSÍQUICA, EL DOCTOR PELLEGRINI SE DEJABA LLEVAR UN TANTO DE LA IMPRESIÓN QUE LE CAUSABA EL ASPECTO EXTERIOR DE LAS GENTES, LA ROPA, LA INDUMENTARIA. EN ÉSTAS FINCABA ÉL, SIN DUDA, ALGÚN CONCEPTO DE MORAL SOCIAL O DE CARÁCTER, Y ACASO ERA JUSTO SU PREJUICIO, SI PREJUICIO HABÍA.» JOAQUÍN DE VEDIA (1922)

ADOLFO ALSINA. «NO TENÍA PASADO RESPECTO DE LOS PARTIDOS TRADICIONALES EN SU PAÍS. SU ABUELO HABÍA SIDO FEDERAL; SU PADRE HABÍA SIDO TODA LA VIDA UNITARIO. PERO ÉL ENTENDIÓ QUE NO DEBÍA VIVIR A LA SOMBRA DE LAS OPINIONES DE SU ABUELO Y DE SU PADRE, SINO DE LAS SUYAS PROPIAS. MÁS QUE UN UNITARIO FUE PORTEÑO, EN LA ACEPCIÓN MÁS RADICAL.» ADOLFO SALDÍAS (1910)

cansancio. Adolfo Saldías, su futuro rival político, las recordaba años después y remataba su relato con la consabida mención admirativa al "famoso brazo del gringo Pellegrini" (1886). Pero no sólo los "tiperos" fueron las víctimas de sus travesuras juveniles: su compañero José Terry, de menguadas aptitudes físicas, fue sistemáticamente "corrido" hasta su casa después de las rituales partidas de billar. Quiso el azar que muchos años después (1901) una conferencia de Terry en la Facultad de Derecho desatara la más ruidosa manifestación en contra de Pellegrini que tuvo lugar en la ciudad de Buenos Aires.

Estas facetas poco convencionales lo acompañaron toda su vida. El conocido periodista español Francisco Grandemontagne lo recordaba en 1899 preparando el discurso en el que apoyaba la ley de convertibilidad monetaria al mismo tiempo que intercambiaba "baldazos" con un grupo de señoritas durante el carnaval celebrado en la rambla de Mar del Plata. Esa temprana propensión al "combate" reapareció varias veces en escenarios más amplios y peligrosos durante sus años maduros. Con ese talante generó rencores, pero también cimentó las amistades más sólidas y duraderas (Miguel Cané, Ignacio Pirovano, Lagos García, los Ramos Mejía,

CAMINO A LA REVOLUCIÓN PACÍFICA
«ALEM: SEÑOR GENERAL MITRE: —SÉPASE VD. QUE YO NO TRANSPIRO JAMÁS CON GOBERNADORES NI CON EL OFICIALISMO! LOS SACROSANTOS PRINCIPIOS DE LA UNIÓN CÍVICA DEBEN TRIUNFAR A SANGRE Y FUEGO! SI VD. SE APARTA DE ELLOS, LO RENIEGO COMO CANDIDATO! MI LEMA COMO EL DE FACUNDO QUIROGA, ES IMPLACABLE Y YO SOY, GENERAL, UN HOMBRE DE ACERO...
CAMPOS (APARTE): —CUANDO NO ESTÁS EN EL PARQUE...»

Roque Sáenz Peña, Norberto Quirno Costa, Lucio V. López, Vicente Casares). También con ese mismo carácter inició la que sería una de las carreras políticas más exitosas de su época.

En rigor, estas facetas de su personalidad no se adecuaban mal a la naturaleza poco atildada de la política bonaerense de los años sesenta y setenta. Eran los tiempos de los enfrentamientos entre "crudos" y "cocidos" o entre autonomistas (alsinistas) y nacionalistas (mitristas). Pellegrini adhirió al autonomismo, al igual que la mayoría de sus amigos, quizá porque presentaba una fachada menos solemne que la agrupación

CARTA A SU HERMANO ERNESTO. EL 1° DE SEPTIEMBRE DE 1904, PELLEGRINI ESCRIBÍA DESDE CHICAGO A SU HERMANO ERNESTO. CHICAGO ERA PARA PELLEGRINI «LA CIUDAD COSMOPOLITA POR EXCELENCIA, AÚN MÁS QUE NUEVA YORK, QUE ES EL PUERTO DE ENTRADA DE LA CORRIENTE INMIGRATORIA». ALLÍ «SE PUBLICAN DIARIOS EN DIEZ IDIOMAS Y SE HABLA, POR AGRUPACIONES DE MÁS DE 10.000 PERSONAS, CATORCE IDIOMAS DISTINTOS».

que lideraba el general Mitre (en *La Gran Aldea* Lucio V. López caracterizó a los nacionalistas como "el partido de mi tía"). En 1863 ingresó a la Facultad de Derecho, la que abandonó provisoriamente para alistarse como voluntario en los ejércitos porteños que combatieron en la guerra del Paraguay y tuvo una actuación destacada en la batalla de Tuyutí. Tres décadas después publicó sus recuerdos sobre el episodio en una nota considerada como su mayor logro literario (*Treinta años después*). Una enfermedad lo alejó definitivamente del escenario bélico.

A su regreso culminó sus estudios de derecho con la presentación de una de esas breves tesis doctorales (*Derecho Electoral*) que se exigían en aquella época. Compartió sus estudios con un cargo administrativo en el Ministerio de Hacienda y con su primera experiencia periodística en el diario *La Prensa*. En 1871 se casó con Carolina Lagos García con la que formó una larga y fructífera relación matrimonial que no dejó descendencia. Ese mismo año debutaba en las lides electorales.

El comienzo no fue promisorio ya que fue derrotado en dos elecciones legislativas de la provincia de Buenos Aires. La recuperación fue, sin embargo, rápida y contundente: en 1872 fue elegido legislador provincial y al año siguiente ocupó una banca en la Cámara de Diputados de la Nación. En 1876 emprendía el primero de sus luego frecuentes viajes a Europa. Era el momento en que empezaba a esbozarse el giro político que caracterizaría una larga etapa de su actuación pública. Eran tiempos de un continuo reacondicionamiento dentro de las filas del autonomismo y de la emergencia de una serie de facciones dentro de la agrupación. Pellegrini, como muchos, transitó por algunas de ellas y esto le valdría más tarde el algo arbitrario mote de "camaleón". Lo cierto es que fue abandonando

BARTOLOMÉ MITRE. «DE TODOS LOS HOMBRES PÚBLICOS QUE APARECIERON EN ESE MOMENTO SOBRE LA ESCENA POLÍTICA, EL MÁS COMPLETO FUE EL GENERAL MITRE, PUES POSEÍA TAL VARIEDAD DE VIRTUDES, DE APTITUDES Y DE FACULTADES, CUAL NO CONOZCO REUNIDAS EN OTRO ESTADISTA PROPIO O EXTRAÑO; PUES SI ALGUNO PUDO IGUALARLO EN UNA ESPECIALIDAD, NINGUNO LAS REUNÍA EN CONDICIONES TALES QUE PERMITIERAN ACTUAR EN PRIMERA LÍNEA Y CON IGUAL EFICACIA EN TODAS LAS ESCENAS, EN TODOS LOS MOMENTOS, SOBRE TODAS LAS CLASES SOCIALES.» C.P. (1906)

MIGUEL CANÉ. EN CARTA A MIGUEL CANÉ DEL 2 DE OCTUBRE DE 1899, ESCRIBE PELLEGRINI: «VEO QUE TE INUNDAN CON ENCARGOS DE ESTATUAS; YO TENGO EN PARTE LA CULPA. HE COMBATIDO TODOS LOS CONCURSOS Y PREGONADO QUE SI SE QUIEREN OBRAS DE ARTE, NO SE LAS PIDAN A CUALQUIERA SINO A LOS GRANDES ARTISTAS Y, HOY POR HOY, AL ARTE FRANCÉS. TE HAN NOMBRADO MINISTRO DE ESCULTURA Y TIENES QUE ACEPTAR. AQUÍ NO DICEN: ESTO ES DE FALGUIÈRE, SINO ESTO LO MANDÓ CANÉ.»

posiciones ortodoxamente "autonomistas" para sumarse a quienes bregaban por soluciones de corte centralista. Luego de un breve paso por el gabinete provincial de Carlos Casares, fue convocado por el presidente Avellaneda para ocupar el estratégico cargo de ministro de Guerra. Desde allí tuvo que enfrentar el levantamiento de Carlos Tejedor y la guerra civil que se desató en 1880. Pellegrini intervino personalmente en la decisiva batalla de "Los Corrales", donde fueron derrotadas la milicias porteñas que se rebelaron contra el gobierno nacional. El mismo año participó en la fundación del PAN que apoyó exitosamente la candidatura presidencial de Julio Argentino Roca.

La primera y breve experiencia política que culminó alrededor de 1877 dejó huellas que matizaron su actuación posterior. En carta a Estanislao Zeballos (1901) describió las presidencias de Mitre y Sarmiento (1862-1868 y 1868-1874) como verdaderas escuelas de "educación liberal y democrática", con elecciones casi ejemplares que generaron "verdaderos movimientos de opinión". En la percepción de Pellegrini ese camino fue interrumpido por la revolución mitrista de 1874 que trajo como consecuencia la

HOMBRE DE SPORT Y DE CLUB. «NO ERA UNILATERAL, NI TENÍA LA MONOTONÍA DE UNA SOLA PASIÓN; AMABA LOS VIAJES, LOS CUADROS, LA POLÍTICA, LAS ESTATUAS, LOS VERSOS DE SHAKESPEARE Y LOS CABALLOS DE CARRERA; Y, SEGÚN EL MISMO GROUSSAC, 'QUEMÓ SU VELA POR LAS DOS PUNTAS'. ERA HOMBRE DE SPORT Y DE CLUB, COMO LOS POLÍTICOS BRITÁNICOS.» OCTAVIO AMADEO (1927)

conciliación entre autonomistas y nacionalistas (1877) y la secuela de levantamientos armados y "acuerdos" que destruyeron aquel promisorio comienzo. El recuerdo idealizado, y contradictorio con juicios emitidos en el momento y después, fue, quizás, expresión del desaliento que lo embargaba en el momento de escribir la carta. La descripción, sin embargo, es ilustrativa de que el estilo político de aquellos años no lo abandonó por completo en el resto de su actuación pública. Político obsesionado con el orden y eximio organizador de "acuerdos", se había formado en la exaltación de la virtud cívica tan común en el Buenos Aires de alsinistas y mitristas. En la misma carta de 1901 agregaba: "En la antigua aldea había [...] más sentimiento público que en la enorme aglomeración cosmopolita de hoy".

LA TERTULIA MARPLATENSE LA VIDA SOCIAL DE LOS VERANEOS EN MAR DEL PLATA ERA LA PROLONGACIÓN DE LAS REUNIONES DE LA ALTA SOCIEDAD PORTEÑA. CARLOS PELLEGRINI, COMO LO EVIDENCIA ESTA FOTO DE 1903, ERA UN ENTUSIASTA ANIMADOR DE LAS RUEDAS DE AMIGOS QUE REPLICABAN LAS TERTULIAS DEL CLUB DEL PROGRESO O DEL JOCKEY.

PERSONALIDAD Y ESTILO

El carácter de Carlos Pellegrini fue sufriendo algunas modificaciones con el correr de los años. Para algunos observadores esos cambios fueron de cierta magnitud. Estanislao Zeballos, que lo conoció bien, describió esas mutaciones sin mayores dudas: "He aquí un caso de funcionamiento mental retrasado, una excepción feliz a la precocidad de las inteligencias sudamericanas". Para el autor, durante lo que denominó la "primera jornada", Pellegrini había desplegado "todas las calidades y excesos de los temperamentos nerviosos y de lucha". En la "segunda jornada", empero, había sorprendido al país por la madurez y acierto de las vistas. "Sus *impromptus* son profundamente meditados" (1899).

La descripción que hace Zeballos del primer Pellegrini fue compartida por muchos, adversarios y amigos por igual. En carta a José Posse (1880) Roca mencionó el "atropellamiento irreflexivo de Pellegrini". Tiempo después su tenaz adversario Leandro N. Alem, que no se destacó por su serenidad, se manifestaba en términos similares (1892). Hacia fines de siglo su ex ministro y amigo Vicente Fidel López le escribía preocupado a Vicente Casares "un hombre de tan rápido talento, carece en todo del instinto de previsión de los hombres de Estado. Parece que tuviera el vicio de creer que con cuatro manotadas y un plumazo, se resuelven todos los conflictos".

El juicio de López sugiere que el cambio percibido por Zeballos no fue de la magnitud sugerida. Paul Groussac, que también lo conocía bien y lo quería mejor, lo describió como "intermitente como todos los excesivos". Para Groussac el cambio fue bastante más suave: "la edad lo ha calmado un poco" (1896). La intermitencia que percibió Groussac fue advertida por otros observadores. Grandemontagne la encontró tan visible que llegó a compararlo nada menos que con Dantón: "Como éste trabaja a máxima intensidad durante unos cuantos días, y luego parece como que se desmadeja en la distancia abandonando el tráfago y el enredo de la política, con un desdén olímpico sobre toda mediocridad bullante" (1899). La comparación con Dantón es, ciertamente, excesiva, pero el ritmo percibido por Grandemontagne ex-

RETRATO DE FAMILIA ESTE DAGUERROTIPO DE 1860 NOS MUESTRA A LA FAMILIA PELLEGRINI: EN EL CENTRO, CARLOS ENRIQUE PELLEGRINI, SENTADAS A SU DERECHA SU ESPOSA MARÍA BEVANS Y A SU IZQUIERDA SUS HIJAS JULIA, LA MAYOR DE LA FAMILIA, Y ANITA. ATRÁS SUS HIJOS, CARLOS, EL MÁS ALTO, Y ERNESTO. TRES AÑOS MÁS TARDE NACIÓ EL QUINTO HIJO, ARTURO.

EL PADRE. «ALTO, MUSCULOSO, DE ANDAR ELÁSTICO Y DECIDIDO, PARECÍA ESTAR SIEMPRE DISPUESTO A VENCER LOS OBSTÁCULOS QUE SE LE PRESENTASEN. LA CABEZA GRANDE, FUERTE, IMPRESIONABA; LA FRENTE ALTA Y NOBLE, LOS OJOS GRANDES Y AZULES, DE MIRAR REFLEXIVO Y PENETRANTE, ACUSABAN SU JERARQUÍA ESPIRITUAL. LA NARIZ PROMINENTE, CON UNA LEVE CURVATURA EN EL CENTRO, Y LOS LABIOS FINOS, CONTRAÍDOS COMO POR UNA SONRISA SUTIL, HACÍAN MÁS SUGESTIVO EL SEMBLANTE. NO USABA BARBA NI BIGOTE Y LAS POBLADAS CEJAS SE CONFUNDÍAN CON LAS REVUELTAS PATILLAS A LA INGLESA. LA GRAVEDAD HABITUAL Y EL VIVO SONROSADO DE LA PIEL, LE DABAN LA APARIENCIA DE UN BANQUERO QUE GUSTABA DE VIVIR AL AIRE LIBRE.» AGUSTÍN RIVERO ASTENGO (1942)

plica, quizás, sus intempestivas, y, en ocasiones, prolongadas ausencias de la vida pública.

Estas aristas de su personalidad parecen concordantes con los rasgos exhibidos durante su juventud. Como entonces, no le impidieron forjar amistades sólidas y duraderas. El mismo Groussac, poco propenso a la benevolencia en sus juicios, llegó a describirlo como "el hombre que más he querido en esta tierra". La naturaleza errática y, en ocasiones, explosiva encontraba remanso en dos instancias que fueron decisivas en su vida social y política: su matrimonio y sus amigos. Pellegrini solía ufanarse de la solidez de su relación matrimonial. "Vivo en casa de piedra" había estampado en su conocida carta a Leandro N. Alem (1894) "y allí he formado un hogar conocido, respetado y honesto. Es éste un requisito indispensable para mantener una posición social que corresponde a la posición política".

La "casa de piedra" se complementaba con un marcado culto a la amistad masculina. A este factor le otorgó tanta importancia que no vaciló en exaltarlo, cuando presidente, frente a una audiencia de estudiantes de derecho: "No permitáis jamás que las pasiones de la vida pública destruyan esas amistades, conservadlas como tesoros de vuestra vida íntima y defendedlas de la acción destructora de la lucha de las ideas, aspiraciones y propósitos antagónicos que es condición de la vida democrática" (1892). Así mantuvo para siempre muchas de las ya mencionadas amistades juveniles, a las que fue agregando otras con el correr de los años (Groussac, Ernesto Tornquist, Zeballos). La mayoría fueron pellegrinistas, pero otros (Aristóbulo del Valle y Lucio V. López) sus adversarios políticos.

Con los más cercanos de ellos estableció lazos estrechos de familiaridad que le permitían recibir confidencias no habituales en hombres públicos. Así, por ejemplo, podía escribirle a su siempre atribulado y quejoso amigo Miguel Cané: "¡Veo que aún introduces entre tus sábanas estatuas mórbidas y te quejas! ¿Qué diré yo a quien sólo resta en la Tierra discutir finanzas?" (1897). No sólo recibirlas, sino también hacerlas. Al mismo corresponsal le escribía tiempo después: "Aquí [París] tengo consultas muy frecuentes sobre negocios con Argentina —pero gratis— porque ni ellos se animan a ofrecerme honorarios, ni yo puedo insinuar que me vendrían bien algunos pesos" (1905). Cabe aclarar que en aquel año Pellegrini estaba retirado de la función pública.

El acceso al círculo de amigos era, por definición, selectivo. Ni el ingreso ni la permanencia eran automáticos. Exequiel Ramos Mejía recordaba en sus memorias que Pellegrini no conservaba odios pero "no solía renovar afectos". En una ocasión el influyente político y periodista Manuel Láinez procuró, a través de amigos comunes, cicatrizar viejas heridas. La respuesta de Pellegrini fue tajante: "Muchas gracias. Estamos muy bien así. Manuel Láinez es como la sombra del manzanillo. Mata a quien duerme bajo sus ramas". La misma actitud mantuvo con Julio A. Roca luego de su rompimiento en 1901. En esa ocasión, como se verá más adelante, las consecuencias políticas fueron mayúsculas.

MARÍA BEVANS DE PELLEGRINI
EL 18 DE MAYO DE 1841, EL INGENIERO PELLEGRINI CONTRAJO MATRIMONIO CON MARÍA BEVANS, HIJA DE JAMES BEVANS Y PRISCILLA BRIGHT. JAMES BEVANS, FALLECIDO EN 1832, HABÍA SIDO EL PRIMER DIRECTOR DEL DEPARTAMENTO DE INGENIEROS HIDRÁULICOS DE BUENOS AIRES, CREADO BAJO EL GOBIERNO DE MARTÍN RODRÍGUEZ. EN TAL CARÁCTER HABÍA ELEVADO LOS PRIMEROS PROYECTOS SOBRE EL PUERTO DE BUENOS AIRES.

En aquella época, y en esos círculos, la amistad masculina se canalizaba naturalmente en el "club", esa institución percibida como muy inglesa. Pellegrini fue, desde luego, un entusiasta de esa costumbre. A Zeballos le confesaba sin ambages: "Vivo a la inglesa, las horas que no tengo ocupadas las paso en el club... No concurro a esas tertulias donde la política, la crítica y la murmuración son temas obligados". Más placer y sosiego encontraba en conversaciones mundanas o en juegos de cartas: "Charlemos un rato o le ganaré unos pesos al *besique* ["brisca"] que es juego de viejos". El club era, entre otras cosas, el refugio local adecuado en los momentos de cansancio con la política: "En el Jockey jamás se habla de política".

La familia y el club no excluían una intensa vida social. En la ya citada carta a Leandro N. Alem expresaba: "Voy, cuando quiero reposar mi espíritu de tanta diaria miseria, a los teatros, a las fiestas, a los hipódromos y centros sociales, y allí encuentro todo lo que hay de más culto y más distinguido en mi país". Pudo haber agregado sus frecuentes viajes a Europa donde entre gestiones oficiales y

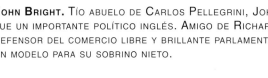

JOHN BRIGHT. TÍO ABUELO DE CARLOS PELLEGRINI, JOHN BRIGHT (1811-1889) FUE UN IMPORTANTE POLÍTICO INGLÉS. AMIGO DE RICHARD COBDEN, DEFENSOR DEL COMERCIO LIBRE Y BRILLANTE PARLAMENTARIO, CONSTITUYÓ UN MODELO PARA SU SOBRINO NIETO.

estudios de la realidad política y económica, concurría a los mismos lugares que había enumerado en la carta a Alem.

No cualquier carril era el adecuado para encauzar esos placeres mundanos. Quedaban excluidos, por cierto, esas "*estaminets* y confiterías" a las que concurría asiduamente Leandro N. Alem. Según Joaquín de Vedia, Pellegrini solía juzgar a la gente por su aspecto exterior. Tenían que ser, por lo tanto, lugares "cultos" y "distinguidos", es decir, elegantes. Una elegancia que matizaba, sin embargo, con giros que parecían importados de los lugares a los que desdeñaba concurrir: gestos bruscos, una estudiada incorrección al hablar y un uso bastante generoso de vocablos soeces. Una "vida a la inglesa", quizás, pero impregnada de matices de indudable raigambre criolla.

Este estilo de vida fue muchas veces caracterizado como "aristocrático". En tierras plebeyas como las del Río de la Plata el término produce cierta incomodidad conceptual. En el mejor de los casos, y a la inversa que en Europa, esa categoría social fue "construida" y no heredada. Y Pellegrini fue precisamente uno de sus constructores. No parece aventurado señalar que si ese estilo emergió en el Buenos Aires

EL PADRE CON LOS HIJOS MAYORES
EL INGENIERO PELLEGRINI EN 1854 CON SUS HIJOS MAYORES: JULIA, NACIDA EN 1843, Y CARLOS, NACIDO EN 1846. JULIA SE CASÓ CON MARTÍN MEYER Y SE RADICÓ EN HAMBURGO, DONDE FUE VISITADA POR CARLOS EN SUS VIAJES A EUROPA.

finisecular, Carlos Pellegrini fue uno de sus más notorios forjadores. Aún así, sin embargo, es prudente establecer otras diferencias con el caso europeo. La historia del Jockey Club, en la cual tuvo una intensa participación junto a su amigo Miguel Cané, las ilustra aceptablemente.

El Jockey Club fue fundado en 1883 por un grupo de amigos apasionados por las carreras de caballos. A este objetivo central, Pellegrini y Cané agregaban otro de características disímiles. El Jockey debía ser, además, un centro social y cultural que contribuyera a refinar los modos algo rústicos de una burguesía de muy reciente origen. El empeño puesto por ambos amigos en la construcción de la sede de la calle Florida, la atención dedicada a detalles que iban desde la ubicación de la magnífica Diana de Falguières hasta la contratación de un *chef* francés, muestran claramente el objetivo perseguido. En algunos casos los planes eran frustrados por la pertinacia de ciertas costumbres locales. A Cané, por ejemplo, el *chef* le parecía excesivo para paladares educados en otras tradiciones gastronómicas: "Aquí [en París] a nadie se le ocurre pedir de entrada, como entre nosotros, dos de a caballo, luego unos chinchulines, para terminar con un *ome-*

lette" (1897). Vencido por la evidencia, Pellegrini terminó contratando un profesional de Mar del Plata. La Diana colocada al tope de una llamativa escalera de mármol, tuvo empero, más suerte. Después de la fiesta de inauguración de la sede social, Pellegrini le escribía alborozado a Cané: "Desde ese momento [cuando descubrían la escultura], el *indio* más guarango quedaba vencido y dominado" (1897).

Para los dos amigos, el término "aristocracia" tenía una acepción peculiar. Miguel Cané la expresó públicamente con bastante claridad: "El Jockey Club de Buenos Aires no será, ni podrá ser jamás, una imitación de sus homónimos de París o de Viena, un círculo cerrado y estrecho, una camarilla de casta, en que el azar del nacimiento, y a veces de la fortuna, reemplaza a toda condición humana". Deberá ser, agregaba, "una selección social, vasta y abierta, que comprende y debe comprender, a todos los hombres cultos y honorables" (1897). La intención era, pues, clara: la creación de una élite republicana, abierta a la movilidad social, pero sometida a una rutina mundana de raíces "aristocráticas".

En Pellegrini, la obsesión por el refinamiento de la vida social era parte de una preocupación bastante más vasta. Para él, la Argentina, o Buenos Aires, debían escaparle al mote de *South America* con el cual eran despectivamente conocidos en Europa todos los países latinoamericanos. De ahí su inocultable alegría cada vez que aparecían "muestras" de claro perfil europeo: la sede del Jockey, el hipódromo de Palermo, la rambla de la Bristol de Mar del Plata, etc. La Argentina no era, sin embargo, solamente *South America* por sus costumbres sociales o por los modales de sus hombres de fortuna. Lo era, también, por sus prácticas políticas e institucionales, por los levantamientos armados, por el fraude electoral y por la contumacia de la inestabilidad monetaria. Para todo eso era necesaria esa "burguesía rica e ilustrada", como la supo denominar, y no tan sólo para el refinamiento de la vida cotidiana.

El estilo de vida descripto, se ha dicho, era de innegable raíz porteña. Joaquín de Vedia definió a Pellegrini como "porteño como el que más, y más porteño aún en algunas fases de su personalidad psíquica". Pellegrini no era, desde luego, un porteño "ideológico". Era más bien un típico exponente del nacionalismo decimonónico, obsesionado con la unidad nacional, centralista, y con reiteradas declaraciones a favor de una clara preeminencia de la nación sobre sus partes constituyentes. Zeballos captó acertada, aunque pomposamente, esta dimensión de su pensamiento cuando le hizo decir que "antes que en la tierra lugareña en que he nacido pienso en la nacionalidad". De Vedia, sin embargo, no se refería a las ideas, sino a otras facetas de la personalidad de Pellegrini. Estas últimas

PELLEGRINI EN 1854. EN 1896, CON MOTIVO DE LAS BODAS DE PLATA MATRIMONIALES DE CARLOS PELLEGRINI, SU HERMANO ERNESTO MANDÓ HACER UNA MINIATURA SOBRE MARFIL CON UN RETRATO DE CARLOS A LOS OCHO AÑOS. HIZO AÑADIR A ESE RETRATO LA BANDA Y EL BASTÓN DE PRESIDENTE DE LA REPÚBLICA.

aparecen nítidamente esbozadas en una carta que le mandó Miguel Cané desde París, luego de un encuentro con el general Roca: "Creo que hay entre nuestro organismo moral y el de hombres como Roca y Juárez, un antagonismo idiosincrásico, una antítesis latente que ellos sienten y que nos imposibilita toda fusión de ideas y concepciones". Y, agregaba que "ambos ven en mí una naturaleza intelectual fría, nerviosa, casi te diría aristocrática, y sobre todo, fundamentalmente porteña". No es de extrañar, que aquellos y otros políticos provincianos hayan percibido ese "antagonismo idiosincrásico" cuando el mismo Cané no tenía el menor empacho en calificar al político salteño José Evaristo Uriburu, entonces presidente de la república, como el "zonzo de arriba". Pellegrini no se quedó corto: "El zonzo de Uriburu que hace tiempo me está fastidiando, pues dice que yo tiranizo el Congreso pero no he de gobernar al Poder Ejecutivo, me terminó de cargar y de despedida le puse la paleta en

CARLOS PELLEGRINI ADOLESCENTE. SOBRE LA INFANCIA Y ADOLESCENCIA DE PELLEGRINI, SEÑALA RIVERO ASTENGO, «POCO SE HA CONSERVADO EN LA TRADICIÓN ORAL, Y MUCHO MENOS EN LA ESCRITA». EN UNA CARTA DIRIGIDA EN 1908 POR ROQUE SÁENZ PEÑA A ERNESTO PELLEGRINI, QUEDA REFLEJADO UNO DE LOS RASGOS DEL COMPORTAMIENTO DE CARLOS. RELATA SÁENZ PEÑA: «CONSERVO ENTRE MIS RECUERDOS DE NIÑO, UNA VISITA QUE MIS PADRES HICIERON A LOS TUYOS, VISITA DE CORTE ANTIGUO, QUE TU PADRE AMENIZABA CON LA CULTA INTIMIDAD DE SU SABER Y DE SU MUNDO. DE PRONTO, TU MAMÁ SALIÓ VIOLENTAMENTE DE LA SALA; HABÍA VISTO PASAR A CARLOS COMO UNA EXHALACIÓN, PERSEGUIDO POR DOS O TRES MUCHACHOS MÁS GRANDES QUE ÉL, QUE TRATABAN DE VENGAR UNA TRAVESURA. A LA VOZ DE TU MAMÁ SE DETUVIERON Y LUEGO INTERVINIERON NUESTROS PADRES PARA CALMAR A TU MAMÁ Y DESALOJAR A LOS INTRUSOS. A CARLOS LE CONTÉ ALGUNA VEZ AQUELLA ANÉCDOTA, PERO POR SUPUESTO NO LA RECORDABA; TAL VEZ POR LA PLURALIDAD DE LOS CASOS».

EL COLEGIO NACIONAL DE BUENOS AIRES CARLOS PELLEGRINI TUVO UN BREVE PASO POR EL RECIENTEMENTE CREADO COLEGIO NACIONAL DE BUENOS AIRES. POSTERIORMENTE, COMO TODOS SUS AMIGOS —CON EXCEPCIÓN DE IGNACIO PIROVANO QUE SE DEDICÓ A LA MEDICINA— INGRESÓ A LA FACULTAD DE DERECHO.

GRAN ARCO DE LA RECOVA Y TEMPLO DE SAN FRANCISCO EN 1829, CARLOS E. PELLEGRINI REALIZÓ CUATRO ACUARELAS QUE MUESTRAN LOS DISTINTOS FRENTES DE LA PLAZA DE MAYO, CON EL PROPÓSITO DE MOSTRAR A SU HERMANO JEAN CLAUDE ALGUNAS VISTAS DE LA CIUDAD DONDE RESIDÍA. CÉSAR HIPÓLITO BACLE LE COMPRÓ LOS DERECHOS DE REPRODUCCIÓN DE LAS LÁMINAS. EN LA ILUSTRACIÓN, VEMOS EL COSTADO ESTE DE LA PLAZA CON LA RECOVA VIEJA Y EL TEMPLO DE SAN FRANCISCO.

su lugar! Sé que ha bramado y que amenaza con sus furias!" (1896). Uriburu, ciertamente, no olvidó y de ahí en más se convirtió en un influyente adversario de Pellegrini. Los recelos y desconfianzas que generó en muchos políticos de las provincias fue, como se verá, uno de los mayores obstáculos que tuvo que sortear durante su carrera política.

LAS IDEAS POLÍTICAS

Carlos Pellegrini no fue un pensador sistemático y paciente preocupado por el origen y la fundamentación de las ideas que profesaba. Estanislao Zeballos lo definió como "pobre de erudición sistemática" y carente de la "pasión por los libros". Paul Groussac, por su parte, llegó a decir que era un "repentista incoercible" y que la "improvisación era su facultad dominante y su defecto mayor". Consideraba sin embargo, que lo "que daña al pensador político, aprovecha al estadista". Las ideas de Pellegrini tenían, por lo tanto, las características y contradicciones propias de un político activo que tuvo más interés que el habitual en informarse sobre los problemas y debates que agitaban al mundo que lo circundaba. Las expresó fragmentariamente en artículos y notas periodísticas y especialmente en los discursos pronunciados en asambleas partidarias y en debates parlamentarios. La lectura de estos testimonios revela que compensó, a veces, la falta de rigor analítico con una innata facilidad para localizar el centro del problema que ocupaba su atención. No está de más agregar que expresó sus ideas con lenguaje claro y directo, desprovisto de frases rumbosas y de giros innecesarios.

Su visión del mundo estaba asentada en intuiciones que lo acercaban a la tradición evolucionista del pensamiento político anglosajón. Por esta razón, Pellegrini otorgó mucha importancia a la influencia de usos y costumbres en la vida política e institucional. De esa visión derivaba, también, su preferencia por el modelo institucional que tuvo su origen en la Revolución Gloriosa Inglesa y en la Independencia de los Estados Unidos. Por el contrario, no mostró mayor simpatía por la Revolución Francesa, de la cual rechazaba su radicalismo y su desdén por tradiciones pretéritas.

En su evocación de la batalla de Tuyutí, Pellegrini había reflexionado brevemente sobre algunas características del devenir histórico. Se interesó, especialmente, en fijar los límites dentro de los cuales se desarrolla la acción de los hombres públicos. Para él, esos límites estaban constituidos por el amplio margen de ignorancia que preside el conocimiento de hechos pasados y presentes y por el papel no desdeñable que tienen el azar y el accidente. En una situación de esta naturaleza las decisiones políticas están gobernadas por la incertidumbre: "¡Cuan fácil sobre el plan de la batalla pasada, es enmendar el error o corregir al maestro: cuántos han ganado la de Waterloo después de perdida por Napoleón!" (1896). La centralidad otorgada a la ignorancia y a la incertidumbre era también característica de la tradición evolucionista citada precedentemente. Tenía poca relación, por el contrario, con las ideas positivistas en boga durante la segunda mitad del siglo XIX.

Los valores básicos que informaron su pensamiento político no son difíciles de localizar. Pellegrini siempre pensó que la meta final para la Argentina era el establecimiento de una república democrática. Este valor final no estuvo afectado nunca por las ráfagas de escepticismo sobre la democracia que matizan las valoraciones de sus amigos Cané y Groussac. Muy temprano, en su ya citada tesis sobre el *Derecho electoral*, Pellegrini dejó sentada su adhesión al sufragio universal. En este trabajo, refutó los argumentos de John Stuart Mill en favor del voto censitario, por considerarlo injusto para las personas de menguados ingresos. Admitió, sin embargo, restricciones para quienes no sabían leer ni escribir, porque pensaba que el individuo afectado podía removerlas fácilmente. Eran, además, un estímulo para adquirir conocimientos que consideraba de suma utilidad para la vida social. Calificó como "manía inglesa" otra de las condiciones introducidas por Stuart Mill, la del conocimiento de la regla de tres. En este primer

SALOMÉ MAZA DE GUERRICO
LA ACTIVIDAD DE PELLEGRINI COMO RETRATISTA DEL PATRICIADO PORTEÑO FUE COPIOSA, COMO LO ATESTIGUAN LOS OCHOCIENTOS RETRATOS QUE REALIZÓ ENTRE 1830 Y 1837. EN CARTA A SU HERMANO JEAN CLAUDE EL 28 DE MAYO DE 1831 ESCRIBE: «OS IMAGINARÉIS, SIN DUDA, QUE ESTE FAMOSO PINCEL USA SU PELO SOBRE ALGÚN GRAN PROYECTO DE CANAL, PUENTE U OTRA EMPRESA PARECIDA. ¡ERROR! ESTE PINCEL TRABAJA EN REPRODUCIR, INÚTILMENTE, LA BELLEZA DE LAS NÁYADES DEL PLATA. DIGO INÚTILMENTE POR MODESTIA; TODO EL MUNDO ALABA EL PARECIDO DE MIS RETRATOS.»

trabajo, Pellegrini agregaba una dimensión poco habitual en la época: el otorgamiento de derechos electorales a la mujer. Para él "la única razón que hasta hoy ha existido [para negarlos] es que habiendo el hombre usurpado el gobierno de las sociedades, ha alejado a la mujer más por temor que por compasión" (1869).

El establecimiento de una meta final no implicaba que la misma debía convertirse en la prioridad dominante en un momento específico. Durante más de dos décadas (c. 1880- c.1900) Pellegrini creyó que primero era

REVISTA DEL PLATA.

PERIODICO CONSAGRADO
A LOS
INTERESES MATERIALES DEL RIO DE LA PLATA.
Redactado é ilustrado
POR EL INGENIERO
Carlos E. Pellegrini.

Sale en cuadernos mensuales de 32 á 48 páginas-columnas in-cuarto con las láminas correspondientes.
La coleccion empieza desde 15 de Setiembre de 1853, y se halla de venta en las principales librerías de Buenos Aires, Montevideo, y el Rosario.

PRECIO DE LA SUSCRICION AL MES.

En Buenos Aires DIEZ PESOS moneda corriente.
Fuera de Buenos Aires, MEDIO PATACON.

TOMO I°

Imprenta de la REVISTA.
Calle Federacion, (Plaza de la Victoria) N° 21.

LA *REVISTA DEL PLATA*. DESPUÉS DE CASEROS, EL INGENIERO PELLEGRINI PARTICIPÓ ACTIVAMENTE EN LA VIDA PÚBLICA PORTEÑA. FUNDÓ ENTONCES LA *REVISTA DEL PLATA*, CUYO PRIMER NÚMERO APARECIÓ EN SETIEMBRE DE 1853. LA REVISTA, DE ACUERDO CON LO DECLARADO POR SU DIRECTOR, ESTABA «DESTINADA A LLEVAR AL EXTERIOR UN CONOCIMIENTO EXACTO DE ESTOS PAÍSES EN CUANTO A SU COMERCIO, FÁBRICAS Y AGRICULTURA; EN UNA PALABRA, A CUANTO TENGA RELACIÓN CON SU RIQUEZA Y ECONOMÍA ADMINISTRATIVA. [...] ESTA REVISTA TIENE POR OBJETO EL ADELANTO MATERIAL DE LOS PUEBLOS DEL RÍO DE LOA PLATA Y MUY ESPECIALMENTE, EL DE BUENOS AIRES. DE POLÍTICA Y LITERATURA SÓLO RELATARÁ LO NECESARIO, PARA TENER AL CORRIENTE A SUS LECTORES DE LO MÁS NOTABLE QUE EN ELLAS OCURRA».

TEATRO COLÓN
EN UNA CARTA DIRIGIDA AL LIBRERO LUCIEN, CARLOS E. PELLEGRINI CUENTA SUS ACTIVIDADES EN BUENOS AIRES. ENTRE OTRAS ACTIVIDADES, PELLEGRINI «ACTUALMENTE ES ARQUITECTO-DIRECTOR Y ACCIONISTA DEL TEATRO 'COLÓN', EDIFICIO ÚNICO EN SU GÉNERO, POR LAS COMODIDADES E INNOVACIONES QUE ENCIERRA».

necesario consolidar un orden institucional estable que otorgase bases sólidas a la república democrática. En uno de sus últimos discursos (1906) hizo referencia a las cinco etapas ("días" las denominó) que en su opinión, habían caracterizado la evolución institucional argentina. Las tres primeras (independencia, anarquía y organización nacional) habían culminado con la instauración del régimen inaugurado en 1880.

En la cuarta, que es la que aquí interesa, la tarea prioritaria fue la de consolidar ese régimen y anular los factores que amenazaban su estabilidad. Durante dos largas décadas, la prioridad para Pellegrini fue el orden; el enemigo a combatir, la rebelión armada o la revolución.

Esta última preocupación ya había asomado en 1878: "¿qué revolución, qué revuelta, qué pronunciamiento nos ha mejorado los procedimientos cívicos?" Pellegrini reiteró el concepto varias veces más, y lo volvió a utilizar para justificar su gestión presidencial: "entre la necesidad de realizar reformas para sanear el organismo político y la de evitar reacciones violentas que caen en males más graves de los que se procura remediar, la senda no era siempre clara, y sin abandonar nunca el propósito final, he tenido que valerme de medios [...] que fueron desde la suma tolerancia hasta la represión enérgica". Y más adelan-

EL ANTIGUO TEATRO COLÓN. EN 1855 EL INGENIERO PELLEGRINI FUE ENCARGADO DE PROYECTAR Y DIRIGIR LA CONSTRUCCIÓN DEL TEATRO COLÓN. EN SÓLO DOS AÑOS EL TEATRO FUE INAUGURADO, CON UNA FUNCIÓN DE *LA TRAVIATA*. EL NUEVO EDIFICIO CONTABA CON CAPACIDAD PARA MÁS DE TRES MIL ESPECTADORES E ILUMINACIÓN A GAS. EL TEATRO COLÓN FUNCIONÓ EN ESE EDIFICIO HASTA 1888, CUANDO LA MUNICIPALIDAD VENDIÓ EL EDIFICIO AL BANCO NACIONAL. CON EL IMPORTE DE LA VENTA FUE CONSTRUIDO EL ACTUAL TEATRO COLÓN.

te, en el mismo documento: "lo que nuestro país [...] necesita no son Grandes Americanos, ni Libertadores, ni Restauradores más o menos ilustres, que invocando leyes, libertades y principios, empezaron por incitar a la anarquía y la violencia" (1892). Poco después, ya fuera del gobierno, volvía a insistir con el mismo tema "no hay situación política tan mala que la anarquía no sea peor" (1894). Estas consideraciones se volvieron casi rutinarias en la década del noventa y tuvieron su última exteriorización pública en el discurso parlamentario en el cual apoyó la implementación del estado de sitio: "hace ochenta años [el país] viene buscando por medio de la revolución y la violencia el triunfo de los principios y el imperio de las instituciones, sin haber aprendido que la revolución y la violencia son la negación radical de todo lo que sean instituciones, principios y gobierno libre" (1901).

Sin un orden estable no había, para Pellegrini, posibilidad de llegar al gobierno libre. El tránsito de uno y otro sólo podía hacerse mediante el arraigo de los hábitos y costumbres propios de las repúblicas democráticas consolidadas: "la conducta de un pueblo obedece más a sus hábitos y tradiciones que a sus leyes escritas" (1892). A lo que agregaba poco des-

DARDO ROCHA. CUANDO EN 1881 DARDO ROCHA FUE CONSAGRADO CANDIDATO A GOBERNADOR DE BUENOS AIRES, OFRECIÓ A PELLEGRINI LA VICEGOBERNACIÓN. PELLEGRINI RECHAZÓ EL OFRECIMIENTO. ROCHA CONTESTÓ CON UNA CARTA EN LA QUE LE DECÍA A PELLEGRINI: «PERMÍTEME QUE USANDO DEL DERECHO QUE ME DA NUESTRA AMISTAD, TE DIGA QUE NO TIENES RAZÓN DE QUEJARTE DE UN PARTIDO QUE TE OFRECE EL PUESTO MÁS ELEVADO Y DE MÁS CONFIANZA DESPUÉS DEL DE GOBERNADOR. [...] ¡CÓMO SE CONOCE LO POCO QUE HAS SUFRIDO EN TU VIDA POLÍTICA! SI YO APLICASE TU CRITERIO A LA MÍA, MUCHAS AMARGURAS Y QUEJAS TENDRÍA QUE EXPRESAR. PERO, EN FIN, ESTE INCIDENTE ENOJOSO ESTÁ TERMINADO. HE TENIDO LA FORTUNA DE PREVER LO QUE HA SUCEDIDO Y HE SIDO FELIZ EN ENCONTRAR EL MEDIO DE SALVARLO TODO». CUANDO ROCHA ASUMIÓ LA GOBERNACIÓN, PELLEGRINI OCUPÓ SU PLAZA EN EL SENADO DE LA NACIÓN.

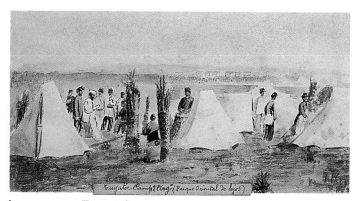

LA BATALLA DE TUYUTÍ. CAMPAMENTO ARGENTINO DE TUYUTÍ (PARQUE ORIENTAL DE LEJOS), ACUARELA DE IGNACIO GARMENDIA. «PASA UNA HORA Y, A LAS 4 DE LA TARDE, LA BATALLA MÁS SANGRIENTA DE ESA GUERRA Y DE TODAS LAS LIBRADAS EN AMÉRICA, HA TERMINADO. DE LOS 24.000 PARAGUAYOS QUE ATACARON A LAS 12 DEL DÍA, 10.000 ESTABAN FUERA DE COMBATE A LAS 4 DE LA TARDE.» C.P. (1896)

pués: "la adaptación completa de un pueblo a nuestro sistema institucional, es obra de larguísimo aliento y de inagotable paciencia" (1894). Y, en clara manifestación de su filosofía evolucionista: "Las libertades políticas [...] no pueden ser la obra de un hombre, ni de un pueblo, ni de un partido, ni de un movimiento, sino el resultado, más o menos lejano, de una lenta educación nacional" (1897).

La preeminencia que otorgaba a "hábitos y tradiciones" sobre "leyes escritas" planteaba problemas que no se resolvían con una vaga apelación a una "lenta educación nacional". ¿Cómo inculcar hábitos si no era mediante una legislación adecuada que iniciara a la gente en las tradiciones requeridas? Pellegrini parece haber llegado a esa conclusión hacia 1901, momento en el que comen-

EL CASAMIENTO. EN CARTA A SU HERMANA JULIA, PELLEGRINI RELATA LOS CAMBIOS QUE EN ÉL HABÍA DESENCADENADO SU RECIENTE MATRIMONIO: «TE ESCRIBO DESDE MI NUEVO HOGAR. YO YA NO SOY YO, PORQUE ME HE VISTO DE LA MAÑANA A LA NOCHE CAMBIADO EN DOS. DURANTE MI SUEÑO, ALGÚN ÁNGEL BUENO ME SACÓ UNA COSTILLA Y CON ELLA FORMÓ UNA NUEVA EVA. AL DESPERTAR LA VI A MI LADO Y LA TIERRA ME PARECE UN EDÉN. ESTOY GOZANDO DE ÉL SIN TEMOR Y SIN ZOZOBRA, PORQUE SIENTO Y COMPRENDO QUE SI LA PRIMERA EVA FUE LA PERDICIÓN DE ADÁN, LA NUEVA SERÁ LA SALVACIÓN DE TU HERMANO.»

zaba la quinta etapa (o "día") de su trayectoria política. A partir de ese momento, la prioridad pasaba a ser una reforma legislativa que saneara el alicaído y fraudulento sistema electoral.

Este último giro fue atribuido por la gran mayoría de los observadores al rompimiento de su alianza política con el general Roca. Es indudable que el episodio fue crucial para que iniciara una activa campaña opositora. Algunos indicios permiten conjeturar, sin embargo, que algo había comenzado a cambiar, por lo menos dos años antes de la ruptura. Durante esos años Pellegrini, entonces senador nacional, estuvo la mayor parte del tiempo fuera del país por problemas bastante serios de salud. Fueron años de un marcado pesimismo político, algo no habitual en un temperamento vivaz como el suyo. La correspondencia con Zeballos es suficientemente ilustrativa de ese estado de ánimo. En enero de 1901, meses antes del rompimiento, le señalaba que "desgraciadamente la frase de Las

LOS OFICIALES DEL REGIMIENTO DE ARTILLERÍA LIGERA. CUANDO SE DESATA LA GUERRA DEL PARAGUAY, VARIOS ESTUDIANTES UNIVERSITARIOS DE BUENOS AIRES SE OFRECEN COMO VOLUNTARIOS. ENTRE OTROS, SE ALISTAN LOS JÓVENES VICTORINO DE LA PLAZA, ARISTÓBULO DEL VALLE, LEANDRO N. ALEM, NORBERTO QUIRNO COSTA Y CARLOS PELLEGRINI. EN LA FOTO, VEMOS AL JOVEN TENIENTE PELLEGRINI —EL MÁS ALTO—, CON LOS OFICIALES DEL REGIMEINTO DE ARTILLERÍA LIGERA.

CARLOS TEJEDOR. EN UN REPORTAJE OTORGADO AL DIARIO *EL INDEPENDIENTE* DE ROSARIO EN DICIEMBRE DE 1879, EL GENERAL ROCA SEÑALA SUS DIFERENCIAS CON CARLOS TEJEDOR: «EL DOCTOR TEJEDOR TIENE SUS VOTOS EN UN PEQUEÑO CÍRCULO QUE GOBIERNA AUTOCRÁTICAMENTE: UN PARTIDO DISCIPLINADO HASTA LA CEGUEDAD. PODRÍA, PUES, ENTENDIÉNDOSE CON ESTE COMITÉ, CAMBIAR EL RÓTULO DE SU CANDIDATURA. MIS COMITENTES SON MÁS VOLUNTARIOS; NO ACEPTARÍAN UNA SUSTITUCIÓN PROPUESTA POR MÍ. MI CANDIDATURA NO ES DE LAS QUE SE PASAN A LA ORDEN DEL PRIMER VENIDO. ASÍ, PUES, NO HAY TRANSACCIÓN POSIBLE. EL SEÑOR TEJEDOR PUEDE DAR SUS VOTOS A QUIEN SE LE ANTOJE; YO NO PUEDO DISPONER DE LOS MÍOS».

Heras de que en la República Argentina el cielo y el suelo son admirables, pero el entresuelo *detestable*, continúa siendo cierta". Pocos días antes había sido más explícito con respecto a la vida política y a los estímulos existentes en la Argentina para emprenderla con algún entusiasmo: "pero entre nosotros después de haberlo conocido todo, ¿qué estímulo o aliciente queda? ¡Ninguno!" Recuérdese que ya antes de partir a Europa le había confiado al mismo interlocutor que una de las ventajas del Jockey era que allí jamás se hablaba de política (1899).

Algunos, como Paul Groussac, atribuyeron ese estado de ánimo a la grave enfermedad nerviosa que lo aquejaba y que había motivado su viaje a Europa. Al mismo tiempo, sin embargo, es posible registrar un sugestivo cambio en su apreciación de la realidad política argentina. Su preocupa-

RETRATO PARISINO
EN 1876, PELLEGRINI PARTIÓ CON SU ESPOSA RUMBO A EUROPA, EN EL PRIMERO DE SUS VIAJES. VISITÓ LAS GRANDES CIUDADES EUROPEAS, ENTRE ELLAS PARÍS, DONDE ASISTIÓ VARIAS VECES A LAS CÁMARAS PARA ESCUCHAR A LOS GRANDES PARLAMENTARIOS DE LA ÉPOCA. TAMBIÉN EN PARÍS SE TOMÓ ESTA CURIOSA FOTOGRAFÍA CON EL RETRATO DE SU ESPOSA.

CARICATURA DE *EL GRÁFICO* **(1880) SOBRE LA CUESTIÓN CAPITAL**
«—QUÉ BIEN QUEDAS CON ESTA CINTURITA IMPOSIBLE! BUENOS AYRES. —ESTOY BIEN ? ENTONCES...AY!...APRETEN MÁS.....AY....AY!»

ción comenzó a centrarse en el visible predominio de los caudillos lugareños en los distintos distritos de la provincia de Buenos Aires. Más grave le parecía que esa influencia sólo podía ser detenida por la presión ejercida por el "gobierno elector", es decir, por el poder central. El círculo vicioso de caudillos y gobiernos electores era posible por la ausencia de opinión pública, o dicho con sus propias palabras, por la falta de "una *burguesía política*, la verdadera opinión pública inteligente o consciente". Los caudillos eran simplemente "mala yerba que crece en tierras abandonadas". Le preocupaba especialmente la inacción de la gente "rica e ilustrada" (su mayor apoyo en la provincia), que se justificaba a sí misma porque "no vive del presupuesto" olvidando que "el presupuesto vive de ellos, y que cuando éste les carcoma hasta el hueso no tendrán derecho a quejarse" (carta a Zeballos, enero de 1901).

Esta preocupación con la ausencia de opinión pública ya se había manifestado con anterioridad en su conocido "Mensaje a la juventud" (1900). En esa nota periodística Pellegrini acusó a las nuevas generaciones de haber reemplazado las virtudes cívicas por las comodidades y facilidades que brindaba la creciente prosperidad del país. La nota se cerraba con un dramático "¿y mañana? ¡Tal vez encontremos el remedio en naturalizar al extranjero, para que se encargue de nuestro destino!".

La atención de Pellegrini había comenzado a focalizarse en la falta de participación cívica de amplios sectores de la burguesía argentina. No había mucho trecho para transitar desde este problema hasta la consideración de la cuestión electoral. El tránsito fue casi inmediato, como lo sugiere la carta ya citada a Zeballos: "verse un hombre decente en un atrio, en día de elecciones, casi se avergonzaría, como si hubiera sido sorprendido en un lugar mal afamado". El problema electoral, por lo tanto, se había instalado en la mente de Pellegrini aun antes del rompimiento con Roca a mediados de 1901. La transición del Pellegrini de 1897 al de 1901 no fue tan repentina y brusca como se ha sugerido, ni se debió exclusivamente a un factor accidental.

JULIO A. ROCA. ESCRIBÍA BENJAMÍN POSSE SOBRE ROCA EN 1880: «TIENE MUCHÍSIMO TALENTO, SOBRE TODO, TINO EXQUISITO, UNA DELICADEZA ASOMBROSA PARA JUZGAR A LOS HOMBRES Y LAS COSAS; ES MORDAZ POR AÑADIDURA. POSEE EL DON DE VER EL LADO RIDÍCULO DE TODO Y, COMO COMPLEMENTO (ESTO NO ME CONSTA PERO LO SOSPECHO) LA CONVICCIÓN DE QUE, PARA LLEGAR A LA VERDAD, NO DEBE CREERSE NADA DE LO QUE SE OYE, NI NADA MÁS QUE LA MITAD DE LO QUE SE VE».

A partir de ese momento comenzaba lo que había denominado como la quinta etapa ("día") de la evolución institucional argentina. En esta etapa la prioridad pasaba a ser la eliminación del fraude electoral que "ha llevado a los gobernantes a constituirse en grandes electores, a substituir al pueblo en sus derechos políticos y electorales". Pellegrini sostenía, además, que era indispensable crear prácticas políticas sanas para adecuar el país a los progresos logrados en otros campos, "tenemos una nación independiente, libre, orgánica y vivimos en paz, pero nos falta algo esencial: ignoramos las prácticas y los hábitos de un pueblo libre y nuestras instituciones escritas son sólo promesas o una esperanza".

Pellegrini no se propuso este objetivo creyendo que el cambio podía producirse de la noche a la mañana. Pensó, por el contrario, que el camino podía ser largo y tortuoso.Por esta razón, apoyó parcialmente el sistema uninominal propuesto por Joaquín V. González (1902) al que consideró un progreso. El nuevo sistema duró sólo una elección, la de 1904, y en 1906 se volvió al viejo régimen. Pellegrini fue electo diputado en estos últimos comicios que fueron impugnados por el diputado socialista Alfredo Palacios quien denunció una importante compra de votos. Pellegrini aceptó, en parte, el argumento, pero consideró que la experiencia había

VICENTE FIDEL LÓPEZ. DESPUÉS DE UN LARGO OSTRACISMO, VICENTE FIDEL LÓPEZ VOLVIÓ A LOS PRIMEROS PLANOS DE LA ESCENA POLÍTICA CUANDO FUE MINISTRO DE HACIENDA DE PELLEGRINI. PELLEGRINI HABÍA RECIBIDO EN SU JUVENTUD LA INFLUENCIA DE LAS IDEAS ECONÓMICAS DE LÓPEZ, Y AMBOS DEFENDIERON LAS POSICIONES PROTECCIONISTAS EN LOS DEBATES PARLAMENTARIOS DE 1875 Y 1876.

sido de todas maneras un paso adelante. El voto que se vende, llegó a sostener, es un voto libre: "No se compran ni se venden votos donde no hay votos libres y si no vaya uno a vender votos en la provincia de Buenos Aires". La solución para Pellegrini, a quien le gustaba el sistema uninominal, era mejorar gradualmente la ley, mediante la adopción de instituciones como la del voto secreto. Pellegrini había votado a favor del voto público en 1902 pero su viaje a Estados Unidos lo convenció de la superioridad del voto secreto, y no tuvo inconvenientes en reconocer públicamente que se había equivocado.

La reforma electoral ocupó la mayor parte de sus intervenciones políticas hasta su muerte en 1906. La obsesión con el tema alcanzó su máxima expresión en lo que terminó siendo su último discurso parlamentario. En esa ocasión, al evocar la figura de su viejo adversario Aristóbulo del Valle, afirmó que "¡tendría que confesar que han fracasado lamentablemente mis teorías evolutivas y que nos encontramos hoy peor que nunca!". La confesión produjo un gran revuelo político, pero es posible que no haya sido un reflejo demasiado fiel de lo que pensaba en ese momento. Es probable que al tiempo de efectuar la "dramática" confesión, Pellegrini todavía confiara en que el gobierno podía implementar la evolución deseada. Así lo sugieren, por lo menos, las reiteradas indicaciones a sus amigos para que brinden su apoyo al presidente Figueroa Alcorta, a quien creía capaz de desmontar la maquinaria electoral de Roca y Ugarte.

La prioridad que otorgó a la cuestión electoral no implicó un abandono de sus viejas preocupaciones por el orden y la estabilidad institucional. Más bien, ambos problemas aparecían ahora estrechamente relacionados; la diferencia estaba en que había modificado la secuencia causal. Pe-

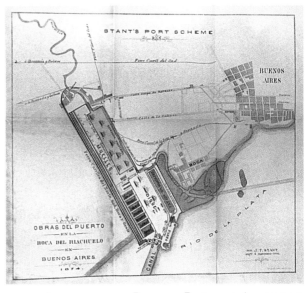

LAS OBRAS EN LA BOCA DEL RIACHUELO. LA PRINCIPAL ALTERNATIVA Y LA PROPUESTA DE MADERO ERA LA CONSTRUCCIÓN DEL PUERTO EN LA BOCA DEL RIACHUELO. ESTA ALTERNATIVA FUE DESARROLLADA EN LA LINEA DE PROYECTOS PRESENTADOS EN DISTINTOS MOMENTOS POR EL INGENIERO LUIS A. HUERGO.

llegrini comenzó a sostener que la estabilidad no se alcanzaría mientras el fraude electoral siguiera estimulando la actitud sediciosa de la oposición. El levantamiento radical de 1905, del que se enteró en Europa, lo llenó de horror y lo atormentó nuevamente con el fantasma de *South America*. Había, sin embargo, un nuevo matiz en el análisis de las causas del levantamiento: "Nadie se preocupa de averiguar por qué no sólo son posibles sino frecuentes estos bochinches y son moral y materialmente imposibles en Estados Unidos. Por la simple razón que he expuesto en todas mis cartas. Porque allí gobierna el pueblo y éste no puede hacerse

una revolución a sí mismo: cuando condena un gobierno, lo cambia por medio de una votación" (1905). La fuerte relación que percibía entre orden y participación electoral quedó claramente establecida en un discurso pronunciado en la campaña electoral de 1906: "Los unos proclaman que mientras haya gobiernos personales y opresores ha de haber revoluciones, y los otros contestan que mientras haya revoluciones han de existir gobiernos de fuerza y de represión. Todos están en la verdad, o más bien, todos están en el error".

La preocupación con el difícil equilibrio entre orden y democracia no significó que no se haya ocupado de otros temas políticos. Pellegrini era, se dijo, un centralista imbuido de las ideas de unidad generadas por el nacionalismo decimonónico. Se proclamaba, sin embargo, partidario del sistema federal lo cual no era demasiado coincidente con otros aspectos de su pensamiento. Alguna vez llegó a decir que un gobierno unitario era preferible a un sistema federal que sólo existía en el papel. En varias ocasiones se refirió, también, al deficiente funcionamiento de la división de poderes en la Argentina. Ambos temas, sin embargo, nunca ocuparon su mente con la fuerza que lo hicieron los problemas derivados de la relación entre orden y vida democrática. No tuvieron, por cierto, para él la importancia que les dio Leandro N. Alem, quizás, el representante más nítido del liberalismo clásico, corriente que, como se sabe, centró su atención en la limitación del poder.

Las prioridades que fijó Pellegrini durante su vida política lo acercaron, más bien, a la tradición del pensamiento conservador vigente en la época. La relación entre orden y voto universal fue, desde los tiempos de Napoleón III, una preocupación típicamente conservadora que es posible encontrar en las agrupaciones de ese signo tanto en Europa como en Estados Unidos. En rigor, lo que quiso Pellegrini fue trasladar a la Argentina

Nicolás Avellaneda. Un momento clave en la vida política de Pellegrini fue su actuación como ministro de Guerra y Marina del presidente Avellaneda entre octubre de 1879 y octubre de 1880. Pellegrini defendió enfáticamente la actuación del presidente Avellaneda en ese momento: «El doctor Avellaneda fue públicamente acusado entonces, de haber faltado a compromisos solemnemente contraídos, y hasta el cargo de felonía apareció en una acusación pública. La opinión general de esta ciudad aceptó en gran parte esa acusación y sin embargo nada más inexacto ni injusto, porque el doctor Avellaneda no sólo no faltó a compromiso alguno, sino que estaba animado de sentimientos sumamente tolerantes para los hombres que habían acompañado al doctor Tejedor, hasta el punto de despertar recelos y provocar cargos y ataques por parte de hombres influyentes del Partido Nacional en el Interior».

el modelo político que estaban desarrollando las fuerzas conservadoras en el hemisferio norte (los *tories* británicos, los republicanos estadounidenses, etc.). Las ideas que esgrimían estas agrupaciones se habían ido alejando cada vez más de los principios individualistas proclamados por el viejo liberalismo clásico. El alejamiento no significaba, sin embargo, que un cierto espíritu liberal no impregnara la actitud de esos partidos conservadores, como lo hacía también con muchos sectores del naciente movimiento socialista. Pellegrini no fue, ciertamente, una excepción dentro del clima que prevalecía en aquel mundo finisecular.

El talante liberal de Carlos Pellegrini se manifestó en la posición pacifista que mantuvo frente a un eventual conflicto bélico con Chile a fines del XIX, o en la oposición al servicio militar obligatorio en 1901.

El antiguo muelle: «Asombro es de todos los que conocen por primera vez esta ciudad, cómo haya podido adquirir su actual importancia comercial, teniendo por único puerto esa playa inmensa y ese mar abierto a todos los vientos, que ofrece menos seguridad que el océano mismo; y donde el desembarco y la descarga suelen ser más fatigosos y más costosos que la travesía del mar. [...] Pasajeros, según el viento, o bañados por las olas, o pasando del gran vapor al pequeño, del pequeño al bote, del bote al carro o al hombro de un robusto marino y alcanzando el extremo de largos muelles contentos de llegar ilesos y soportando las sonrisas de los espectadores de cómicas escenas.» C.P. (1889)

Más elocuente en este sentido fue el espíritu tolerante que exhibió frente a posiciones e ideas que estaban en oposición a las que él profesaba. En 1881, por ejemplo, se opuso en el Senado de la Nación a la prohibición oficial de una misa en la Catedral para conmemorar a los caídos porteños en la guerra civil de 1880: "tengo la firme resolución de defender las libertades de mis conciudadanos principalmente cuando se trata de mis adversarios". El mismo espíritu seguía presente 16 años después cuando manifestó frente a una audiencia partidaria reunida en el teatro Odeón: "Respetad a nuestros adversarios, que no son mejores ni peores que nosotros, que sólo se distinguen en que ven los hombres y las cosas bajo distinta luz o bajo distinta forma".

EL PENSAMIENTO ECONÓMICO Y SOCIAL

Pellegrini fue uno de los pocos políticos de la época que trató de combinar sus principios institucionales con temas derivados de la vida económica y social. Cuando en 1903 formó el Partido Autonomista explicitó un programa de tres puntos: la reforma política, el proteccionismo económico y la legislación social. En el área económica sus dos preocupaciones centrales, aunque no únicas, fueron el proteccionismo comercial y el problema monetario y crediticio.

El proteccionismo fue una constante, casi invariable, en el pensamiento de Pellegrini, y su posición al respecto ya estaba brevemente esbozada en su tesis doctoral de 1869. La presentó en forma mucho más amplia y elaborada durante los conocidos debates sobre política aduanera que tuvieron lugar en 1875 y 1876 en la Cámara de Diputados de la Nación. De allí

MIGUEL JUÁREZ CELMAN. ESCRIBÍA CARLOS PELLEGRINI A SU AMIGO MIGUEL CANÉ EN VÍSPERAS DE LA REVOLUCIÓN DEL 90: «TE IMAGINARAS EN TAL SITUACIÓN COMO ESTÁN LOS ESPÍRITUS; AGREGA A ESTO QUE YA ES OPINIÓN ENCARNADA QUE EL GOBIERNO TIENE LA CULPA DE TODO Y TE DARÁS CUENTA DE LO AGRADABLE Y FÁCIL QUE SE HACE LA TAREA DE REDENTOR QUE ME HA TOCADO EN SUERTE. JUÁREZ SIENTE QUE LA SITUACIÓN ES DIFÍCIL, SOBRE TODO MOLESTA; PERO NO SE DA CUENTA DE TODA LA GRAVEDAD; CREE QUE TODO EL INTERIOR ESTÁ SÓLIDO E INCONMOVIBLE Y PARA MÍ ESTÁ TODO MINADO POR EL MISMO MALESTAR».

en más, la sostuvo, con pocas modificaciones, hasta su muerte. La vertiente proteccionista que defendió era la que prevalecía en la época, y se había originado en algunos autores norteamericanos (Carey, por ejemplo) y en los economistas alemanes (List, principalmente), que pertenecían a la llamada escuela histórica. Esta vertiente difería claramente de algunas corrientes de ese pensamiento que emergieron avanzado el siglo XX, y con las cuales algunos autores tienden erróneamente a asimilarla.

El punto de partida del análisis económico de Pellegrini fue claramente expuesto en el Senado durante un debate sobre política comercial: "cuando se estudia al habitante de una nación, hay que considerarlo como productor y no como consumidor". Esta reversión del pensamiento liberal informó toda su perspectiva económica, y no sería aventurado sugerir que impactó, también, sobre sus ideas políticas. Cuando Pellegrini se refería a los productores no introducía ninguna distinción, como se hizo después, entre industriales manufactureros y empresarios rurales, y, en muchas ocasiones, propuso medidas para estimular, o defender, la actividad agropecuaria. No podía ser de otra manera en quien basó su posición política en la provincia de Buenos Aires en el apoyo que le brindaron los grandes hacendados del distrito. Él mismo mencionó el hecho en carta a Bernardo de Irigoyen: "Es un partido conservador, conciliador y moderado por su propia tendencia. Su fuerza no está en los caudillos de pueblo de campo [...] sino en los hacendados; puedo afirmar que las dos terceras partes de los grandes propietarios —llamo así a los que tienen más de veinte leguas— son miembros del Partido Autonomista" (1898).

Así como su proteccionismo industrial no implicaba indiferencia hacia los productores rurales, tampoco entrañaba una actitud hostil hacia el capital extranjero. En este tema Pellegrini era un exponente de la opinión prevaleciente en la época, por más que durante su breve Presidencia haya mantenido relaciones ásperas con los bancos británicos. Su concepción general, sin embargo, quedó claramente expuesta en su disertación sobre el "pueblo inglés": "somos los aliados económicos de la Inglaterra, alianza que suele ser más eficaz que la alianza política" (1905).

DESFILE DE ENAMORADOS (1889). EL MORO CARLOS. «AUNQUE LE FALTE TRES AÑOS A LA SEÑORA PRESIDENCIA PARA QUE DIVORCIE DE SU DUEÑO ACTUAL, YA EMPIEZAN A DIVISARSE MOROS EN LA COSTA. POR SU TALLA EL QUE DISTINGUE PRIMERO ES EL MORO CARLOS.»

EL MORO RAMÓN «EL MORO RAMÓN (POR CÁRCANO), UN POCO JOVENCITO.»

LEANDRO N. ALEM. «SE FORMÓ, ENTONCES, EL PARTIDO RADICAL. COMO MASA, LO COMPONÍAN EN SU MAYOR PARTE ANTIGUOS AUTONOMISTAS; COMO ÍNDOLE Y PROPÓSITO, ERA LA ENCARNACIÓN DE UNO DE SUS JEFES. EL RADICALISMO ES MÁS BIEN UN TEMPERAMENTO QUE UN PRINCIPIO POLÍTICO, PUES HAY RADICALES EN POLÍTICA, COMO EN RELIGIÓN, COMO EN TODA ESCUELA SOCIAL O CIENTÍFICA. EL DOCTOR ALEM ERA RADICAL POR TEMPERAMENTO, Y EN ESA INFLEXIBILIDAD DE SUS PROPÓSITOS E INTRANSIGENCIA DE SUS MEDIOS, ESTABA EL SECRETO DE SU FUERZA. BUSCABA LA REGENERACIÓN POR LA REVOLUCIÓN, Y POR ESO LE ERA INDIFERENTE QUE EL PRESIDENTE FUERA JUÁREZ O SÁENZ PEÑA.» C.P. (1897)

¿Cómo caracterizar, entonces, su posición en favor de proteger la industria nacional? Pellegrini pensaba que una nación que basaba su vida económica solamente sobre la ganadería y la agricultura ("los grandes senos") no había completado su evolución y se privaba de actividades que eran cruciales para el progreso material. En un país de incipiente desarrollo económico, sostenía, esta carencia sólo podía ser superada protegiendo a las actividades fabriles en su primera etapa de crecimiento. La protección no debía impedir cierta competencia ni extenderse por demasiado tiempo. En una de sus cartas desde los Estados Unidos llegó a señalar que el Partido Republicano (uno de sus "modelos" políticos) podía no estar advirtiendo que el país estaba entrando en una etapa de crecimiento in-

LA REVOLUCIÓN DEL PARQUE. CARLOS PELLEGRINI CUMPLIÓ UN IMPORTANTE PAPEL EN LA REPRESIÓN DE LA REVOLUCIÓN DEL PARQUE. REFIRIÉNDOSE A SU ACTUACIÓN, DIJO EN FEBRERO DE 1894 EN UN DISCURSO EN CHIVILCOY: «CREO Y CREERÉ SIEMPRE QUE SI ALGÚN SERVICIO HE PRESTADO A MI PAÍS, LO FUE AQUEL TRISTE DÍA QUE ACOMPAÑÉ AL GENERAL LEVALLE A CONTENER CON UN PUÑADO DE SOLDADOS FIELES, EL MÁS NOTABLE PRONUNCIAMIENTO QUE HAYA PRESENCIADO NUESTRA CAPITAL, Y QUE CONTABA CON LAS SIMPATÍAS CASI UNÁNIMES DE AQUELLA GRAN CIUDAD; ALLÍ SE EVITÓ QUE SOBRE LOS ESCOMBROS DE TODO PRINCIPIO INSTITUCIONAL, DE TODO PODER ORGANIZADO, SE LEVANTARA UNA DICTADURA NACIDA EN UN CUARTEL EN MEDIO DE TROPA SUBLEVADA, QUE HUBIERA IMPUESTO A TODOS, COMO ÚNICA LEY, LA VOLUNTAD DE UNOS POCOS, A TÍTULO DE REGENERACIÓN».

dustrial donde era conveniente pasar a una política comercial abierta: "a los republicanos hay que recordarles que protección implica debilidad porque sólo se protege a los débiles" (1904).

Estas ideas se correspondían casi exactamente con la noción de "industria infante" propagada por List y los economistas alemanes. La concepción descansaba en una visión inductivista que privilegiaba a las condiciones de tiempo y lugar sobre toda consideración derivada de una teoría general. Este método de análisis solía incurrir en problemas conceptuales a los que no fue ajeno Carlos Pellegrini. Ilustraciones de esta situación se pueden encontrar en los malabarismos a los que apeló, algunas veces, para justificar sus puntos de vista. En su contestación al ensayista uruguayo Ángel Florio Costa, por ejemplo, calificó de "genio" a Richard Cobden, el librecambista fundador de la Liga de Manchester, a quien definió como "proteccionista" porque el librecambio era la política conveniente para Gran Bretaña.

No fueron éstas, desde luego, las únicas consideraciones que hizo Pellegrini en torno del proteccionismo. En su defensa de la tarifa aduanera vigente, sostuvo que la misma no estaba sustentada, como afirmaban otros, en meras consideraciones fiscales. De haber sido así, agregó, el gravamen hubiera sido uniforme; el establecimiento de tasas diferenciales, por el contrario, denunciaba la intención de favorecer a aquellas industrias que tenían potencial para desarrollos futuros. Pellegrini pensaba que esta era la orientación correcta en la que se debía, no sólo persistir, sino también ampliar y profundizar. No creía, por otra parte, que la protección debía aplicarse solamente a aquellas actividades que elaboraban productos de la tierra ("naturales"). A éstas debían agregarse las industrias que minimizaban la utilización de factores que eran escasos en el país (capital y mano de obra). Este último razonamiento parece, sin embargo, contradictorio con su tenaz defensa de la industria azucarera tucumana, una actividad que hace un uso intensivo de los dos factores económicos que el mismo Pellegrini definió como escasos.

El mismo criterio presidió sus ideas respecto a la cuestión monetaria y bancaria. Pellegrini invocó siempre su intención de propugnar y apoyar aquellas medidas que introdujeran cánones ortodoxos en la política monetaria, y que eliminaran la casi indomable inestabilidad del peso argentino. En 1896, sin embargo, el ministro de Hacienda de Uriburu (Juan Romero) sostuvo que el mismo Pellegrini había aplicado una política "emisionista" durante su Presidencia. El mismo calificativo le aplicó años después el líder socialista Juan B. Justo con motivo de su defensa de la ley de convertibilidad de 1899. En este discurso Pellegrini expuso con

PRESIDENTE
«PELLEGRINI ERA JEFE NATO; EN CUALQUIER PARTE DEL MUNDO HABRÍA SIDO UN CONDUCTOR; TENÍA LA ESTIRPE Y LA ESTAMPA; EN POCOS SE VIO MAYOR ARMONÍA ENTRE CUERPO Y ESPÍRITU. FUERZA, SERENIDAD, NOBLEZA INTERIOR SE VEÍAN DE AFUERA. ESTATURA, PECHO, PUÑOS, VOZ, MIRADA, CONJUNTO HEROICO, TRADUCÍAN SU INTIMIDAD. PARECÍA DE *PORTLAND*. CORAJE CONTENIDO, SONRIENTE Y SEGURO.»
OCTAVIO AMADEO (1927)

EL PRESIDENTE ASISTE A MANIOBRAS MILITARES
UNA DE LAS PREOCUPACIONES DE PELLEGRINI DURANTE SU PRESIDENCIA FUE MANTENER LA LEALTAD DEL EJÉRCITO, FOMENTANDO EL PROFESIONALISMO. EN SU MENSAJE PRESIDENCIAL DE 1892 AL CONGRESO, PELLEGRINI SEÑALABA: «SIENDO LA INACCIÓN Y LAS LARGAS GUARNICIONES PERJUDICIALES PARA LA INSTRUCCIÓN, NERVIO Y DISCIPLINA DEL EJÉRCITO, Y NECESARIO AL DOTAR A LOS CUERPOS DE NUEVO ARMAMENTO, HACERLE ESTUDIAR Y PRACTICAR NUEVAS TÁCTICAS QUE ÉL IMPONE, SE DECRETARON MANIOBRAS MILITARES QUE ACABAN DE TENER LUGAR CON EL MEJOR RESULTADO».

claridad sus ideas en la materia al comenzar señalando que "el régimen de papel inconvertible es una calamidad para toda nación que lo soporta" y que el propósito central de la ley era erradicarlo definitivamente. Casi inmediatamente, sin embargo, introducía un matiz significativo. Como se sabe, la paridad que prevalecía en el mercado en aquel momento, era superior a la que terminó fijando la ley. Las razones que motivaron a Pellegrini a proponer un límite a la apreciación del peso, fueron las mismas que subyacían a sus ideas proteccionistas, es decir, lo que percibía como la defensa de los intereses de los productores nacionales: "La ganadería de la provincia de Buenos Aires, única [actividad] que se ha mantenido en pie [...] habría caído a su turno. Entonces el desastre hubiera sido total y sobre todo el país arruinado no quedarían más que unos cuantos jugadores gananciosos" (1899).

Ángel Floro Costa lo ubicó dentro de lo que denominó la "escuela de Vicente Fidel López", a la que "acusaba" de propugnar un marcado nacionalismo económico. Lo cierto es que Pellegrini compartió muchas de las ideas de su ex ministro de Hacienda, pero las manifestó siempre en forma más moderada y cautelosa. En ocasión de la ya citada ley de convertibilidad la diferencia se exteriorizó con bastante claridad. Cuenta Exequiel Ramos Mejía (entonces ministro de Agricultura) que López lo convocó para expresarle textualmente: "Hazme el favor de decirle a Pellegrini que no sea cobarde, que fije el valor del peso oro a 250% porque es necesario ayudar a la liquidación de las deudas". Pellegrini, típicamente, adoptó una posición más moderada y la paridad quedó fijada en 227,27%.

No muy distinto fue lo que ocurrió durante su Presidencia con la fundación del Banco de la Nación. La intención original que tuvo Pellegrini fue explicitada en su segundo y último mensaje presidencial: "Creo que

Acto en la Casa de Gobierno
En esta foto de la reunión realizada en la Casa de Gobierno el 25 de mayo de 1891 vemos al presidente Pellegrini rodeado por altos jefes militares y funcionarios de su administración. Parado a la derecha del presidente se encuentra el general Nicolás Levalle, ministro de Guerra y Marina, y a la izquierda el general Emilio Mitre, jefe del Estado Mayor del Ejército.

los bancos del Estado han hecho ya su época y deben cesar en tal carácter" (1892). La oportunidad, sin embargo, no le debió parecer propicia pues el Banco de la Nación fue fundado como una institución mixta. Las razones expuestas para este fin deberían resultar, a esta altura, bastante familiares. Los bancos oficiales, sostuvo, habían prestado grandes servicios a la producción y su liquidación produciría un vacío que no podía ser llenado por la banca privada que por "su naturaleza" no puede satisfacer los reclamos de la "agricultura y la ganadería, ni de...la industria en general, en la medida que su creciente desarrollo exige" (1892).

Esta visión de los problemas económicos era similar a las que difundían la mayoría de los partidos conservadores del hemisferio norte. Se las puede encontrar, desde luego, en la Alemania de Bismarck, en los republicanos de Estados Unidos, en los *tories* británicos, y fueron expuestas con claridad por el influyente político conservador español Cánovas del Castillo, un ex librecambista convertido a las ideas de la Escuela Histórica Alemana. Es útil recordar que en esa época las ideas librecambistas en la Argentina fueron defendidas por los radicales alemistas primero, y por los socialistas después, movimientos que militaban en la oposición al régimen conservador.

En el último ciclo de su vida política Pellegrini demostró un creciente interés por lo que se denominó la "Cuestión Social". En la Argentina, como

Estanislao Zeballos. Zeballos profesó una gran admiración por Pellegrini, quien a su vez lo tuvo en gran consideración. Un fragmento de la carta que Pellegrini le dirige en octubre de 1900 puede dar cuenta de las preocupaciones compartidas por ambos: «La vida política, cuando falta esa *opinión* a la que un hombre público puede dirigirse, discutir con ella, convencerla y arrastrarla, pierde todo su encanto y todo aliciente. La tarea se hace, entonces, pesada y desagradable, y los medios que hay que emplear son mezquinos, muchas veces repugnantes y, los triunfos mismos, no halagan porque ha faltado la verdadera lucha con adversarios dignos».

se sabe, el tema estuvo estrechamente ligado a la entrada masiva de inmigrantes extranjeros. Este hecho generó una serie de controversias acerca de las virtudes o defectos, que podían derivarse de tan masivo impacto. En estas discusiones tuvieron influencia ideas sobre la raza, estimuladas por el "Darwinismo Social" y por algunas corrientes positivistas. Pellegrini no abrigó mayores dudas acerca de la contribución positiva que podía esperarse de los inmigrantes: "el hombre que abandona el hogar, la familia, la patria para lanzarse a tierras desconocidas, sin más capital...que el vigor de sus brazos, revela en ese sólo hecho, un vigor fuera de lo común" (1899). Más adelante, con espíritu expansivo criticó la "funesta teoría de la inmigración espontánea", aunque llegó a sugerir la aplicación de criterios selectivos basados en la demanda existente en el mercado para ciertas profesiones y oficios. Pero, aún en esa ocasión, siguió considerando que la inmigración había sido un fenómeno altamente positivo para la sociedad y la economía argentina.

EL BANCO DE LA NACIÓN ARGENTINA: EL 26 DE OCTUBRE DE 1891, PELLEGRINI DECLARÓ INSTALADO EL BANCO DE LA NACIÓN ARGENTINA: «ESTE BANCO SE FUNDA ÚNICAMENTE EN SERVICIO DE LA INDUSTRIA Y DEL COMERCIO, Y VOSOTROS CONOCÉIS BIEN SUS NECESIDADES Y ESTÁIS EN APTITUD DE ATENDERLAS. SI ALGUNA RECOMENDACIÓN PUDIERA HACEROS, SERÍA EN FAVOR DE UN GREMIO QUE NO HA MERECIDO, HASTA HOY, GRAN FAVOR EN LOS ESTABLECIMIENTOS DE CRÉDITO, Y QUE ES, SIN EMBARGO, DIGNO DEL MAYOR INTERÉS. HABLO DE LOS PEQUEÑOS INDUSTRIALES».

No expresó nunca opiniones contrarias a la "mezcla de razas" y combatió la de aquellos (tuvo una polémica con Eduardo Wilde) que sostenían que esas combinaciones producían un tipo humano inferior. En la introducción al conocido libro de Martínez y Landowski (*L'Argentine aux XX siècle*) sostuvo que la "mezcla de razas" era un fenómeno natural que había recorrido toda la historia de la humanidad, y que el resultado había sido, como lo demostraba el ejemplo de los Estados Unidos, notoriamente positivo (1905). En el caso argentino sólo lamentó la reticencia de los inmigrantes a adoptar la ciudadanía, lo que contrastaba con lo que había ocurrido en los Estados Unidos. En la segunda carta desde este país (1904) ensayó, además, una interesante explicación sobre las causas que generaban el fenómeno argentino: 1) la ciudadanía era innecesaria porque las leyes y las prácticas vigentes en la Argentina les otorgaban los derechos civiles a todos los habitantes, 2) los inmigrantes tenían ventajas adicionales si retenían la nacionalidad de origen, porque podían aspirar al apoyo de sus respectivas legaciones, y 3) las anomalías de la vida política no estimula-

ROQUE SÁENZ PEÑA. «ESE RARO Y FELIZ CONJUNTO DE FACULTADES INTELECTUALES Y MORALES, QUE SE EQUILIBRAN MUTUAMENTE, LE HA CONQUISTADO DESDE EL PRINCIPIO UNA INDISCUTIDA AUTORIDAD ENTRE PROPIOS Y EXTRAÑOS, Y ¡RASGO MÁS SIGNIFICATIVO! ENTRE LOS MÁS DISTINGUIDOS REPRESENTANTES DE SU GENERACIÓN. [...] TIENE LA FUERZA REPOSADA; Y SI EL VIGOR DOMINA EN SU APOSTURA TRANQUILA Y SU CABEZA VARONIL, ENTRE LA MIRADA LEAL Y LA BARBA MACIZA DE LOS ENÉRGICOS SUELE VAGAR UNA SONRISA DE NIÑO.» PAUL GROUSSAC (1909)

ban a solicitar la carta de ciudadanía. El análisis del caso terminaba, pues, aportando un elemento más a la campaña que había emprendido en favor de la libertad electoral.

En 1902 se aprobó la ley de residencia, originada en un proyecto de su amigo Miguel Cané. Pellegrini le dio su apoyo en el Senado pues creía que el país requería un instrumento legal que lo protegiese de posibles atentados terroristas. Lamentó, sin embargo, que se hubiera aplicado para reprimir huelgas obreras que creía que estaban, muchas veces, motivadas por reclamos justos. Pensaba, además, que al gobierno le bastaba con la legislación vigente para reprimir actos que violaran derechos de terceros y que no necesitaba, por lo tanto, apelar a leyes adicionales. El aumento en el número de huelgas no le preocupaba demasiado; pensaba, por el contrario, que era un indicador positivo del grado de desarrollo económico alcanzado.

Tampoco lo atormentaban las predicciones sobre una intensificación de la lucha de clases, fenómeno que consideraba propio de la "Vieja Europa", pero "absurda y anacrónica" en una América caracterizada por una rápida movilidad social: "¿Acaso todos nuestros industriales no han principiado por ser simples obreros? ¿Qué diferencia de clase hay entre ellos y sus empleados? Ninguna; sólo puede haber una diferencia de interés natural entre dos contratantes" (1904).

Pellegrini no propiciaba, sin embargo, una actitud "abstencionista" por parte del Estado; en éste como en otros temas afines, su posición era intervencionista. En la campaña por la senaduría por la Capital Federal, expresó lo siguiente: "Entiendo que es indispensable adelantarnos a la solución de dificultades que nuestro crecimiento industrial agravará, y que no pueden demorarse por más tiempo, sin peligro; me refiero a las leyes que reglamentan el trabajo de hombres, mujeres y niños; el derecho de la huelga que es la defensa del obrero, conciliándolo con la absoluta

LUIS SÁENZ PEÑA EN CARTA A ESTANISLAO ZEBALLOS DEL 26 DE NOVIEMBRE DE 1894, MIGUEL CANÉ ANALIZA LA SITUACIÓN DEL PRESIDENTE SÁENZ PEÑA: «HAY RELOJES QUE NO ANDAN, BUQUES QUE SIEMPRE MARCHAN DE LADO Y AUTORES QUE NO SE LEEN; LOS ARTÍFICES MÁS HÁBILES, LOS INGENIEROS MÁS PRÁCTICOS Y LOS CRÍTICOS MÁS AUTORIZADOS, TE DIRÁN QUE LA MAQUINARIA DE LOS PRIMEROS ES PERFECTA, LA CONSTRUCCIÓN DE LOS SEGUNDOS CORRECTÍSIMA Y QUE LOS TERCEROS TIENEN TALENTO, ILUSTRACIÓN Y CRITERIO. EL DOCTOR SÁENZ PEÑA ES UN HOMBRE HONORABLE, RECTO, LLENO DE BUENAS INTENCIONES, CAPAZ DE ENERGÍAS QUE NO SE LE SOSPECHAN, PERO NO ANDA».

EL JEFE DEL PARTIDO RADICAL. «CUANDO SE INSTALÓ LA ADMINISTRACIÓN EN AGOSTO DE 1890, EL DOCTOR ALEM LA RECIBIÓ MANDANDO ENLUTAR LOS BALCONES DE LA UNIÓN CÍVICA. ESTABA DE DUELO PORQUE SUS AMBICIONES HABÍAN NAUFRAGADO, Y SU POSIBLE DICTADURA SÓLO FUE PARA ESTE PUEBLO UNA PESADILLA QUE SE DISIPÓ CON LOS ÚLTIMOS TIROS DEL PARQUE. DESDE ESE DÍA INICIÓ LA CONSPIRACIÓN PERMANENTE CONTRA LAS AUTORIDADES LEGALES, LAS OBLIGÓ A HACER UNA POLÍTICA ESTÉRIL DE PROPIA DEFENSA, Y HA MANTENIDO AL PAÍS DURANTE CUATRO AÑOS EN ESTADO DE PERPETUA ALARMA, HACIENDO DIFÍCIL EL GOBIERNO REGULAR.» C.P. (1894)

libertad de trabajo, que nadie puede atacar, e imponiendo formas de solución pacífica que sean una garantía para todos los intereses comprometidos" (1904). Coincidió con esas y otras medidas específicas contenidas en el frustrado Código de Trabajo de Joaquín V. González, aunque criticó su voluminoso reglamentarismo ("una olla podrida").

En lo expuesto hasta aquí no hay nada en las ideas de Pellegrini que desentone con el pensamiento conservador prevaleciente en la época. Inclusive expresiones como "adelantarnos" para evitar futuros "peligros" al orden social, son consistentes con el lenguaje de un conservadurismo europeo que había empezado a crear las instituciones que preanunciarían el futuro "estado de bienestar", algo que es posible detectar, también, en lo que se denominó "nuevo liberalismo". Pero Pellegrini era, como decía Groussac, un "repentista incoercible" capaz de producir de vez en cuando propuestas sorprendentes. Una de estas últimas fue el artículo publicado en la *Revista de Derecho, Historia*

LA REVOLUCIÓN RADICAL DE 1893. PELLEGRINI TAMBIÉN PARTICIPÓ ACTIVAMENTE EN LA REPRESIÓN DE LA REVOLUCIÓN RADICAL DE 1893. SU RELATO DA CUENTA DE LA MAGNITUD DEL ALZAMIENTO: «LOS SERVICIOS NACIONALES ESTABAN INTERRUMPIDOS. DURANTE DIEZ DÍAS NO HUBO CORREOS REGULARES EN LAS PROVINCIAS DEL NORTE; LOS ESTAFETEROS DE LA NACIÓN HABÍAN SIDO DETENIDOS Y PRESOS EN SANTA FE, Y PARTE DE LA CORRESPONDENCIA SECUESTRADA. EL TELÉGRAFO NACIONAL SÓLO FUNCIONABA EN CUANTO LO PERMITÍAN LAS FUERZAS REVOLUCIONARIAS. LOS FERROCARRILES NACIONALES HABÍAN SIDO ARREBATADOS DE MANOS DE LAS COMPAÑÍAS POR PARTICULARES ARMADOS, SUS EMPLEADOS DESTITUIDOS UNOS Y PRESOS OTROS, LAS LÍNEAS DESTRUIDAS EN PARTES, ALGUNOS PUENTES VOLADOS Y EMPLEADAS LAS MÁQUINAS Y TREN RODANTE EN LA CONDUCCIÓN DE FUERZAS ARMADAS».

HIPÓLITO YRIGOYEN. PELLEGRINI E YRIGOYEN TUVIERON MUCHOS PUNTOS DE CONTACTO EN LOS INICIOS DE SUS CARRERAS. YRIGOYEN FUE NOMBRADO EN 1870 ESCRIBIENTE 1º SUPERNUMERARIO DEL MINISTERIO DE HACIENDA; PELLEGRINI ERA EN ESE MOMENTO SUBSECRETARIO DEL MISMO MINISTERIO. POCOS AÑOS MÁS TARDE, CUANDO PELLEGRINI ERA MINISTRO DE GOBIERNO DEL GOBERNADOR CARLOS CASARES, SE REALIZARON ELECCIONES DE DIPUTADOS A LA LEGISLATURA PROVINCIAL, EN LAS QUE RESULTÓ ELECTO YRIGOYEN. A PESAR DE LOS POSTERIORES CAMBIOS DE RUMBO Y LAS PROFUNDAS DIFERENCIAS POLÍTICAS, AMBOS MANTUVIERON RELACIONES CORDIALES Y RESPETUOSAS.

y Letras bajo el título de "Organización del trabajo". En este artículo Pellegrini creyó, con bastante ingenuidad, haber encontrado la solución definitiva a los conflictos entre el capital y el trabajo. La propuesta consistía, nada menos, que en la eliminación lisa y llana del salario. En su reemplazo proponía la distribución de las ganancias entre capitalistas y obreros. La determinación de esta distribución sería resuelta a través de negociaciones entre dos asociaciones nacionales, una representativa de los capitalistas, la otra de los obreros. Como si esto fuera poco, las dos entidades debían, además, cargar con la ímproba tarea de decidir sobre la distribución del empleo y sobre las condiciones de trabajo. Pellegrini le expuso el proyecto a Samuel Gompers, presidente de la ya muy influyente *American Federation of Labour,* quien respondió con una silenciosa pero educada expresión de estupor. Hizo lo mismo con Carrol White (director del Departamento de Trabajo) quien salvó el trance argumentando que la legislación vigente en Estados Unidos impedía considerar un proyecto con tan notorio sesgo centralista. Como para no frustrar enteramente a su interlocutor, Ca-

EL REGRESO DE CARLOS PELLEGRINI. EN VARIAS OCASIONES, EL REGRESO DE CARLOS PELLEGRINI DE ALGUNO DE SUS VIAJES SE CONVIRTIÓ EN UN ACONTECIMIENTO POLÍTICO: BANQUETES, URGENTES REUNIONES Y MANIFESTACIONES POPULARES ACOMPAÑARON LAS REAPARICIONES DEL CARISMÁTICO «GRINGO». EN ESTE CASO, UNA MULTITUD DE MANIFESTANTES SE CONGREGA EN LA CALLE FLORIDA PARA RECIBIRLO.

PELLEGRINI Y EL JOCKEY CLUB. A SU REGRESO DE VIAJE, PELLEGRINI ES RECIBIDO CON UN ACTO EN EL JOCKEY CLUB. EL PAPEL DE PELLEGRINI EN LA FUNDACIÓN DEL CLUB ES RELATADO POR REMIGIO GONZÁLEZ MORENO, EN UNA CARTA DE 1932 A SU SOBRINO: «HE TENIDO EL PLACER DE RECIBIR TU AFECTUOSA CARTA Y ES MUY GENTIL DE TU PARTE EL HABERTE ACORDADO DE MÍ, REMITIÉNDOME UN PROGRAMA DE LAS CARRERAS, EN LAS QUE HAY UN PREMIO QUE LLEVA MI NOMBRE. ESO ME TRAE VIVOS RECUERDOS DE MI JUVENTUD Y QUIERO CONTARTE QUE LA IDEA DE FUNDAR EL JOCKEY CLUB NACIÓ AQUÍ, EN PARÍS, DESPUÉS DE ASISTIR UN DÍA AL *DERBY*, EN CHANTILLY. NOS REUNIMOS A COMER EN *FOYOT*: CARLOS PELLEGRINI, MIGUEL CANÉ, PEDRO Y ENRIQUE ACEBAL Y YO. EN ESA COMIDA, LA CONVERSACIÓN TERMINÓ SOBRE ESTE TEMA, DICIÉNDONOS PELLEGRINI ESTAS PALABRAS: *'BUENO, DEN POR CONSTITUIDO EL JOCKEY CLUB DE BUENOS AIRES'*, Y ASÍ RESULTÓ».

rrol White le sugirió que la Argentina podría ser un interesante campo de experimentación. En rigor, tan ingenuo como engorroso proyecto no podía aspirar a otro tipo de respuestas.

El artículo debe ser considerado como uno de los ocasionales deslices analíticos en los que solía incurrir la mente rápida, y propensa a respuestas poco meditadas, de Carlos Pellegrini. La posición general que mantuvo sobre la cuestión social, con la excepción del artículo comentado, fue consistente con las ideas que postuló para encarar los problemas políticos y socioeconómicos. El conjunto de estas ideas tenía un propósito claro que fue acertadamente percibido por Estanislao Zeballos en un discurso destinado a honrar su memoria: "Voy a decir a los amigos desconcertados [de Pellegrini] que el más noble... monumento que pueden erigir a su memoria sería...

ARISTÓBULO DEL VALLE. «EL ARTE DE GOBIERNO EXIGE CIERTA DUCTILIDAD, CIERTA FLEXIBILIDAD DE ESPÍRITU, INCONCILIABLE CON UN TEMPERAMENTO RADICAL. UNO DE NUESTROS HOMBRES PÚBLICOS EMINENTES, CON MÁS SÓLIDAS CUALIDADES DE ESTADISTA, EL DOCTOR DEL VALLE, INTENTÓ CONCILIAR EL GOBIERNO CON LA DOCTRINA RADICAL Y REVOLUCIONARIA, Y, A PESAR DEL APOYO ENTUSIASTA DE ESTA CIUDAD, TUVO QUE RENUNCIAR A SU INTENTO, ANTE EL PELIGRO EVIDENTE DE UNA CONFLAGRACIÓN GENERAL.» C.P. (1897)

consolidar y ensanchar la fundación de un partido conservador que dé al gobierno y al país la base de que carecen y [que] estimulen la formación de otro a su paso, para regularizar definitivamente la vida política" (1906).

EL POLÍTICO I:
EL TIEMPO DEL ORDEN

Hacia 1880, con Julio A. Roca consolidado como presidente de la república, Pellegrini quedaba firmemente ubicado como una de las figuras más influyentes dentro del recientemente fundado Partido Autonomista Nacional (PAN). Atrás había quedado el viejo autonomismo bonaerense cuyas ideas eran, paradójicamente, reemplazadas por las posturas "nacionalistas" de sus antiguos rivales mitristas. No le resultó cómodo a Pellegrini el cambio descripto, situación que se agravó por la participación decisiva que tuvo en la derrota de las milicias porteñas en la batalla de Los Corrales. Como expresó un año después, esa actuación le valió romper con "todos los vínculos que nos ligaban a esta ciudad" (1881). A pesar de esto algunos diputados roquistas (Felipe Yofre, por ejemplo) insinuaron que Pellegrini había sido "blando" con los porteños en las negociaciones que siguieron a las acciones bélicas. Ciertamente no había

EL JOCKEY CLUB. «EL NOMBRE BASTA PARA DENUNCIAR LA PRETENSIÓN ARISTOCRÁTICA DE LA INSTITUCIÓN, QUE NO POR ESO HA PRESTADO MENOS EMINENTES SERVICIOS A LA CRÍA DE ANIMALES, TANTO DE GANADO VACUNO COMO CABALLAR. LA INSTALACIÓN SUNTUOSA CARECE DE ESA SIMPLICIDAD BIEN APROPIADA DE QUE HACEN GALA LOS INGLESES. AUNQUE LA DECORACIÓN HAYA SIDO TOMADA DE EUROPA, EL ARREGLO ES COMPLETAMENTE AMERICANO. EL EXCELENTE CONFORTABLE REINA EN TODAS LAS PARTES DEL PALACIO, DONDE SE HA QUERIDO QUE EL LUJO NO TENGA LA MODESTIA DE DISIMULARSE». GEORGES CLEMENCEAU (1911)

AGASAJO EN EL CLUB. «EL JOCKEY CLUB ES LA SOCIEDAD DE ESPARCIMIENTO Y RECREO MÁS LUJOSA, RICA Y ENCOPETADA DE BUENOS AIRES; TIENE SU ASIENTO HACIA EL FINAL DE LA CALLE FLORIDA, POR DONDE PASEA EL 'SEÑORÍO' PORTEÑO. EL EDIFICIO DEL JOCKEY ES SUNTUOSO: GRAN FACHADA, GRAN PORTALADA; ESPLÉNDIDA ESCALERA, DONDE LUCE LA DIANA DE FALGUIÈRE; MAGNÍFICOS SALONES DE CONVERSACIÓN, DE LECTURA; GIMNASIO Y SALA DE ARMAS; CUARTOS DE BAÑOS ..., TODO, TODO A LA ÚLTIMA.» ADOLFO POSADA (1910)

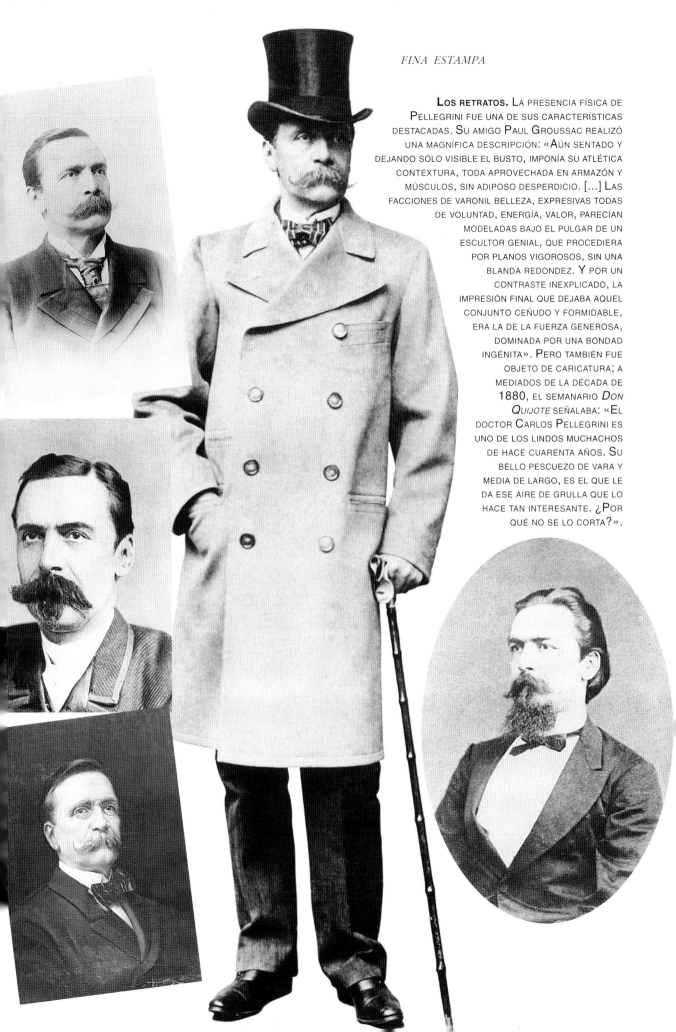

LOS RETRATOS. LA PRESENCIA FÍSICA DE PELLEGRINI FUE UNA DE SUS CARACTERÍSTICAS DESTACADAS. SU AMIGO PAUL GROUSSAC REALIZÓ UNA MAGNÍFICA DESCRIPCIÓN: «AÚN SENTADO Y DEJANDO SÓLO VISIBLE EL BUSTO, IMPONÍA SU ATLÉTICA CONTEXTURA, TODA APROVECHADA EN ARMAZÓN Y MÚSCULOS, SIN ADIPOSO DESPERDICIO. [...] LAS FACCIONES DE VARONIL BELLEZA, EXPRESIVAS TODAS DE VOLUNTAD, ENERGÍA, VALOR, PARECÍAN MODELADAS BAJO EL PULGAR DE UN ESCULTOR GENIAL, QUE PROCEDIERA POR PLANOS VIGOROSOS, SIN UNA BLANDA REDONDEZ. Y POR UN CONTRASTE INEXPLICADO, LA IMPRESIÓN FINAL QUE DEJABA AQUEL CONJUNTO CEÑUDO Y FORMIDABLE, ERA LA DE LA FUERZA GENEROSA, DOMINADA POR UNA BONDAD INGÉNITA». PERO TAMBIÉN FUE OBJETO DE CARICATURA; A MEDIADOS DE LA DÉCADA DE 1880, EL SEMANARIO *DON QUIJOTE* SEÑALABA: «EL DOCTOR CARLOS PELLEGRINI ES UNO DE LOS LINDOS MUCHACHOS DE HACE CUARENTA AÑOS. SU BELLO PESCUEZO DE VARA Y MEDIA DE LARGO, ES EL QUE LE DA ESE AIRE DE GRULLA QUE LO HACE TAN INTERESANTE. ¿POR QUÉ NO SE LO CORTA?».

MAR DEL PLATA
«EL PRESTIGIO
PERSONAL Y POLÍTICO
DEL DOCTOR CARLOS
PELLEGRINI EN MAR
DEL PLATA SE
MANTUVO DURANTE
TODA SU VIDA: ÉL HA
SIDO UNO DE LOS
PRINCIPALES
FACTORES DE SU
SORPRENDENTE
PROGRESO [...] FUE
EL FACTÓTUM DE
TODO EL MOVIMIENTO
MUNDANO DE LA
TEMPORADA
VERANIEGA; ÉL
—COMO UN
DERIVATIVO DE SUS
TAREAS DE
ESTADISTA— RESOLVÍA
LOS PASEOS Y LAS
EXCURSIONES, Y
TRANSMITÍA A TODO
EL GRUPO SU EMPUJE
DECIDOR.»
ELVIRA ALDAO DE
DÍAZ (1923)

sido "blando" en el campo militar. Zeballos, testigo de los acontecimientos, lo recordaba ordenando sin vacilaciones a un comandante bajo sus órdenes: "¡Conteste usted el fuego que Buenos Aires está haciendo sobre las tropas que llevan la bandera nacional!". De cualquier manera éste era el primer eslabón de una cadena de desconfianzas que su condición bonaerense generó en muchos políticos provincianos.

Pellegrini apoyó la candidatura a gobernador de Buenos Aires de Dardo Rocha, otro ex autonomista convertido ahora en el hombre fuerte del nuevo régimen en el primer estado argentino. En retribución, como era habitual en la época, fue nombrado senador nacional por la misma provincia. El Senado sería a partir de entonces el ámbito institucional que más frecuentó, y donde más descolló, durante su larga carrera política. Desde allí apoyó toda la legislación centralista que caracterizó los primeros años de la administración roquista. La labor parlamentaria fue interrumpida por dos viajes, el primero a Estados Unidos en 1883, y el segundo a Europa en 1884. El retorno de este último periplo dio lugar a un recibimiento espec-

tacular organizado, con claras intenciones políticas, por sus amigos. Fue un gran banquete, con los consabidos discursos, ocasión, además, en la que Pellegrini conoció a Paul Groussac con quien entabló una estrecha y larga relación. No sería ésta la última vez que los retornos de Pellegrini dieron lugar a recibimientos de características similares. Lo cierto es que la estrella política de Pellegrini estaba en ascenso, ya que al año siguiente integró el gabinete de Roca como ministro de Guerra, una posición clave en momentos en que se estaba debatiendo la sucesión presidencial. Poco después era proclamado candidato a vicepresidente de la república por el PAN acompañando en la fórmula a Miguel Ángel Juárez Celman.

La empresa más interesante que emprendió Pellegrini en este período fue la fundación de *Sud América*, un periódico político y cultural de inusual calidad para la época. La publicación estaba a cargo de Pellegrini, Roque Sáenz Peña, Paul Groussac, Lucio V. López y Delfín Gallo, con los dos primeros a cargo de la sección institucional. La intención política de *Sud América* fue combatir la precandidatura presidencial del gobernador Rocha, de quien Pellegrini se había distanciado tiempo atrás. El periódico tuvo éxito en el propósito que se había fijado, pero la intensificación de las luchas por las candidaturas dividió a los cinco redactores: Groussac y Gallo, que se retiraron, se decidieron por Bernardo de Irigoyen, mientras que los restantes apoyaron a Juárez Celman. Pellegrini con muy buenas razones pues, como se señaló, terminó acompañando a Juárez Celman en el binomio presidencial. La fórmula del PAN triunfó abrumadoramente en las elecciones de 1886 frente a una débil y heterogénea coalición opositora y ante la notoria indiferencia de un electorado que descontaba el triunfo gubernista.

Paul Groussac sostuvo que Pellegrini debió haberse postulado para el primer término, y de no lograrlo renunciar a la Vicepresidencia para convertirse en líder parlamentario de una fuerte coalición opositora. La política "criolla" no era, ciertamente, el campo propicio para que el escritor francés ejerciera sus reconocidas dotes intelectuales. Ni la solución se adecuaba al estilo y las tradiciones de la política nativa, ni Pellegrini contaba con los apoyos mínimos para emprender tan exigente tarea. En la eventualidad eligió el camino más realista a su alcance, el único que, dicho sea de paso, le permitió acceder a la Presidencia de la república. El consejo de Groussac pecaba, ciertamente, de ingenuidad, pero es ilustrativo, como se verá después, de las desmedidas expectativas que generaba la figura de Pellegrini en el círculo de sus amigos políticos.

Los años de la vicepresidencia fueron, quizás, los más opacos de su carrera política. Su actitud fue la de un estudiado bajo perfil; se limitó a presidir el Senado y a pronunciar algún que otro discurso protocolar. En 1889 realizó otro viaje a Europa, con el propósito de realizar gestiones

JUEGOS DE CARNAVAL UNO DE LOS REPORTEROS SOCIALES MARPLATENSES RELATA LOS CARANAVALES DE 1903: «LOS FOCOS DE LA ATENCIÓN SON LA DISTINGUIDA SEÑORA M... CON SU HERMOSA VOZ; EL DOCTOR CARLOS PELLEGRINI, JUGADOR INCANSABLE DE CARNAVAL Y PERSEGUIDOR DE AVENTURAS ALEGRES; EL SEÑOR TORNQUIST, EL MINISTRO ESCALANTE, EL SEÑOR UDAONDO [...] EL CARNAVAL EN EL BALNEARIO NO TIENE SINO UN CULTOR, EL DOCTOR PELLEGRINI».

LA RAMBLA. «EL PASEO A LO LARGO DE LA COSTA, CON FRENTE AL MAR, SE HABÍA IMPUESTO YA, COMO UN COMPLEMENTO INDISPENSABLE DEL BALNEARIO. COMPRENDIÉNDOLO ASÍ, EL DOCTOR CARLOS PELLEGRINI LEVANTÓ UNA SUSCRIPCIÓN EN BUENOS AIRES CON LA MAYOR PREMURA Y MANDÓ A CONSTRUIR UNA NUEVA RAMBLA DE MADERA, EN EL MISMO SITIO QUE HABÍA ESTADO LA ANTERIOR [...] LOS VERANEANTES, QUE LLEGARON A MAR DEL PLATA EN LA TEMPORADA SIGUIENTE DE 1890-1891, GOZARON ADMIRADOS DE ESE GRANDE Y PINTORESCO PASEO, QUE CONSTITUYÓ LA NOVEDAD DEL DÍA EN TODOS LOS CORRILLOS, DENOMINÁNDOSELE DESDE ENTONCES 'RAMBLA CARLOS PELLEGRINI'». ENRIQUE ALIÓ (1920)

financieras en representación del gobierno. Mientras tanto, la situación interna evolucionaba en una dirección que no coincidía con las expectativas de Pellegrini. Juárez Celman, apoyado en la prosperidad reinante durante los tres primeros años de su gestión, lanzó una exitosa campaña para desplazar a Roca y monopolizar los distintos factores de poder existentes. Con todas las situaciones provinciales que le eran favorables logró, además, alcanzar la jefatura indiscutida del partido oficial y constituir lo que se conoció en aquel momento como el *unicato*. Desde esta posición de fuerza proclamó abiertamente a su sucesor, el joven político cordobés Ramón Cárcano.

La escalada juarista desplazó de la escena política a los dos políticos más influyentes del PAN, a Carlos Pellegrini y, más significativamente, a

PASEO MARPLATENSE. EN UNA CARTA DE 1899 A SU AMIGO VICENTE CASARES, PELLEGRINI RETRATA LA VIDA SOCIAL MARPLATENSE: «[MAR DEL PLATA] ES, SIN DUDA, DE LO MÁS CIVILIZADO QUE TENEMOS; SI CUNDE LA CHISMOGRAFÍA, ES PORQUE EL DEFECTO DE LA SOCIEDAD QUE SE REÚNE ALLÍ ES SER DEMASIADO HONESTA. LA MURMURACIÓN ES VICIO DE MUJER HONRADA Y DESOCUPADA. LAS AMABLES *PECADORAS* SON MÁS INDULGENTES, HAN SUFRIDO MÁS Y SU VIDA ESTÁ DEMASIADO OCUPADA».

Julio A. Roca. Por suerte para ambos, la euforia oficialista fue de corto vuelo. El "boom económico" desembocó rápidamente en una grave crisis financiera cuyos efectos más dramáticos se manifestaron en 1890 y 1891. La coyuntura debilitó al gobierno y despertó a una alicaída oposición, que pronto comenzó a desplegar una activa campaña acompañada por una prensa metropolitana cada vez más crítica del gobierno. La ofensiva opositora dio lugar rápidamente a la fundación de dos agrupaciones, primero la *Unión Cívica de la Juventud*, luego la *Unión Cívica* a secas, que unificaron a una serie de fuerzas dispersas y marginadas durante las administraciones de Roca y de Juárez Celman. Mitines y asambleas ruidosas y agresivas preanunciaban el retorno de los viejos y conocidos vientos del levantamiento cívico militar, estimulados esta vez por una desquiciada situación económica. El 26 de julio de 1890 estalló finalmente la anunciada revolución liderada por Leandro N. Alem, presidente de la Unión Cívica, y durante los próximos seis años el más tenaz rival político de Carlos Pellegrini.

La revolución le permitió a Pellegrini recuperar la centralidad que había perdido durante la vicepresidencia. En rigor, el bajo perfil adoptado en ese periodo lo había beneficiado en cuanto no se lo percibía como demasiado comprometido con la ahora impopular gestión juarista. Pellegrini no desaprovechó, ciertamente, la oportunidad que se le presentaba y reaccionó de una manera que, en su caso, no resulta novedosa: se puso al frente de la represión al movimiento revolucionario. Juan Balestra lo recordó años después en el momento en que cabalgando un caballo lechero, acudía presuroso a encabezar las tropas leales: "lo alto y huesudo de la figura, el bigote caído, el gesto caviloso y las piernas encogidas por lo corto de la estribada, le daban el aspecto de un Don Quijote entristecido". La revolución fue derrotada, y luego de dos meses de negociaciones estériles, Juárez Celman presentó su renuncia. El 7 de agosto Pellegrini prestaba juramento como presidente de la república. Para las alicaídas y desconcertadas huestes oficialistas, Pellegrini volvía a convertirse, en palabras del mismo Balestra, en el "domador de desórdenes".

El día de la asunción al gobierno la ciudad presenció una de las manifestaciones más jubilosas de que hubiera memoria. No sólo los miembros del PAN respiraban aliviados; la mayoría de las facciones que componían la oposición se unieron a las demostraciones de alegría que conmovieron a Buenos Aires. Hubo una sola excepción, los cívicos alemnistas que miraron con inocultable reticencia el retorno al centro de la escena de dos figuras centrales del régimen del ochenta, el flamante presidente y, especialmente, el nuevo ministro del Interior, el General Julio A. Roca.

La breve y agitada Presidencia de Pellegrini no transcurrió por carriles normales. Estuvo, por el contrario, signada por la más grave crisis financiera que padeciera el país durante el siglo XIX. La luna de miel inicial duró poco tiempo, y casi enseguida la situación política volvió a transitar por senderos que no aseguraban un futuro de paz y estabilidad. Dadas las circunstancias, no es posible juzgarla con criterios habituales ni soslayar el hecho de que la herencia recibida fue abrumadoramente gravosa. No fue, ciertamente, un presidente pasivo; por el contrario, intentó diversas alternativas que él mismo describió con realismo cuando señaló que había tenido que apelar a distintas prácticas que oscilaban entre "la suma tolerancia [y] la represión más enérgica".

La posteridad pasó, en general, un juicio favorable a su gestión. *"Piloto de tormentas"* fue el apodo que recibió por

CARLOS PELLEGRINI EN EL HIPÓDROMO ARGENTINO
«EN ESTE MOMENTO SE ESTÁ CORRIENDO EL PREMIO NACIONAL EN UN HERMOSO DÍA DE VERANO Y EN MEDIO DE LA CONCURRENCIA MÁS HERMOSA Y LUJOSA, POR LAS MUJERES Y EQUIPAJES QUE SEA POSIBLE DESEAR. HAS DE SABER QUE LAS CARRERAS ESTÁN DE MODA. SE HA HECHO UNA *PELOUSE* CON BANCOS, TOLDOS Y GRANDES PLANTAS, DESDE EL FRENTE DEL PALCO, A LA DERECHA, HASTA MÁS ALLÁ DE LA RAYA, DONDE SE PASEAN HOY TODAS NUESTRAS MÁS HERMOSAS Y NADA PODEMOS ENVIDIAR YA A ASCOT; Y SI ESTO SIGUE ASÍ, NUESTRO *GRAND PRIX* SERÁ UN REFLEJO HERMOSO DEL DE ALLÁ.» CARTA A MIGUEL CANÉ, OCTUBRE 1899.

lo que se pensó que había sido una política acertada para enfrentar la crisis. Para esta valoración ayudaban las instituciones que creó y que aún siguen en pie (Banco Nación, impuestos internos, el puntapié inicial a la convertibilidad, etc.). Los contemporáneos a los hechos fueron, sin embargo, mucho menos benévolos. Como sucede en estos casos muchos sectores le exigieron la aplicación de medidas económicas más duras y ortodoxas; otros, por el contrario, clamaron en el sentido opuesto. La oposición recorrió todos los matices de opinión: desde los bancos británicos, irritados con un impuesto a las ganancias aplicado por el ministro de Hacienda Vicente F. López, hasta, en el otro extremo, la oposición más dura, que criticó tanto la política económica como el manejo de la situación institucional. La crisis económica amainó levemente al terminar su mandato; es difícil determinar si este resultado fue consecuencia de su gestión o simplemente de la lozanía de una economía cuyas bases productivas habían sido muy parcialmente afectadas por el marasmo financiero.

Si el frente económico fue inusualmente difícil, no menos complejos fueron los problemas que emergieron en la vida política. Pellegrini intentó, al comienzo, una política de conciliación con la formación de un gabi-

LA PASIÓN POR LAS CARRERAS
PELLEGRINI TUVO UNA ESTRECHA RELACIÓN CON EL MUNDO DEL TURF Y UNA VERDADERA PASIÓN POR LAS CARRERAS. FUE SOCIO DE DISTINTOS HARAS Y ALGUNOS DE SUS CABALLOS, COMO EL FAMOSO AMIANTO, GANARON IMPORTANTES PREMIOS. EN LA FOTO VEMOS A PELLEGRINI, EN EL EXTREMO IZQUIERDO CON GALERA BLANCA, EN EL HIPÓDROMO EN 1905.

nete al que se incorporaron dos miembros de la facción más moderada de la Unión Cívica. Convocó, también, a una suerte de "Asamblea de Notables" a la que fueron invitados representantes de diversos sectores económicos y políticos, entre estos últimos dos notorios representantes de la facción más radical de los cívicos (Aristóbulo del Valle e Hipólito Yrigoyen). La reunión no rindió los frutos esperados y el gobierno bien pronto se enfrentó a dos problemas disímiles: la debilidad de un PAN que había quedado, tras la administración juarista, debilitado y dividido, y la existencia de una oposición radical e intransigente que criticó duramente la gestión gubernamental. Es a este ámbito que puede aplicarse la expresión de Pellegrini cuando sostuvo que su administración transcurrió entre "la suma tolerancia y la represión más enérgica". Ejemplo de lo primero fueron las elecciones libres en la Capital Federal donde triunfó la oposición o la cautela con la cual apeló a la intervención federal. De lo segundo, el caso más resonante fue la enérgica represión a la oposición radical en 1892, ocasión en la que los principales dirigentes de esta agrupación fueron detenidos o

PEDIDO DE FONDOS
POR MEDIO DE ESTA NOTA, CARLOS PELLEGRINI SE DIRIGE AL BANCO NACIONAL PARA SOLICITAR CRÉDITO EN DESCUBIERTO.

EN PARÍS CON AMIGOS
EN ESTA FOTO DE 1889, VEMOS AL VICEPRESIDENTE PELLEGRINI CON SUS AMIGOS JULIÁN MARTÍNEZ, CARLOS TORCUATO DE ALVEAR, REMIGIO GONZÁLEZ MORENO, BERNABÉ LÁINEZ Y BERNABÉ ARTAYETA CASTEX, EN LA CASA DE CARLOS T. DE ALVEAR CERCA DE PARÍS.

desterrados. La excusa fue la existencia de una conspiración revolucionaria, hecho que no fue satisfactoriamente probado. No fueron disipadas, tampoco, las sospechas que apuntaban a las elecciones por la sucesión presidencial, como la causa principal del episodio represivo. En un manifiesto público los afectados calificaron al "interinato provisorio" de Pellegrini como el "período más odioso del régimen que lo sustentaba" (1892).

Estos problemas se agravaban porque estaba pendiente el siempre complejo y espinoso problema de la sucesión presidencial. La Convención Nacional de la Unión Cívica había proclamado en Rosario la fórmula Bartolomé Mitre-Bernardo de Irigoyen. Pellegrini y Roca no querían, desde luego, perder las posiciones que tan trabajosamente habían recuperado en 1890, pero no estaban en una situación que les permitiera imponer un sucesor hecho a su medida. Les era necesario, por lo tanto, encontrar alguna combinación que no los marginara de la escena política nacional.

BERNARDO DE IRIGOYEN. «FORMA PARTE DEL PARTIDO RADICAL, EN LA CAPITAL Y EN VARIAS PROVINCIAS, UN GRUPO DE ANTIGUOS MIEMBROS DEL PARTIDO NACIONAL Y CUYO JEFE RECONOCIDO ES EL DOCTOR IRIGOYEN, EL MENOS RADICAL DE NUESTROS HOMBRES PÚBLICOS, PUES TIENE TODAS LAS CONDICIONES DE UN ESTADISTA Y HOMBRE DE GOBIERNO. EL DOCTOR IRIGOYEN FUE UNO DE LOS MIEMBROS MÁS DISTINGUIDOS DE NUESTRO PARTIDO; PERO, POR DESGRACIA NUESTRA, A LA MITAD DEL CAMINO DE SU VIDA, EN UN MOMENTO DE DUDA, EXTRAVIÓ LA SENDA, QUE NO ESTABA CLARA, Y FUE A CAER EN LOS CÍRCULOS DEL RADICALISMO.» C.P. (1897)

Así nació el conocido *Acuerdo,* una estrategia elaborada por ambos políticos, por la cual se convino con Mitre suprimir la lucha electoral y proclamar una fórmula común encabezada por el mismo Mitre acompañado como vicepresidente por un político afín a Roca y Pellegrini. El "acuerdo" tuvo, empero, corta vida, pues fue rechazado por la convención de la Unión Cívica que insistió en concurrir con fórmula propia, ahora integrada por Bernardo de Irigoyen y Juan María Garro. Este episodio provocó la división de los cívicos y el surgimiento de dos nuevas agrupaciones: la conciliadora Unión Cívica Nacional (Mitre) y la opositora Unión Cívica Radical (Alem). Bartolomé Mitre presentó la renuncia a la candidatura presidencial que le había sido ofrecida por el oficialismo.

CARICATURA DE *DON QUIJOTE.* (28-4-1889)

En estas circunstancias surgió un desafío aún más formidable para los planes de Roca y Pellegrini, pero, esta vez, desde dentro del propio Partido Autonomista Nacional. El reto revelaba, inesperadamente, la envergadura de la maquinaria política que había montado el juarismo en la mayoría de

VICENTE CASARES. VICENTE CASARES, GRAN ESTANCIERO, FINANCISTA Y LEGISLADOR, FUE UN CERCANO AMIGO DE PELLEGRINI. EN 1890 FUNDÓ LA EMPRESA DE PRODUCTOS LÁCTEOS LA MARTONA, QUE CUATRO AÑOS MÁS TARDE EXPORTÓ LA PRIMERA REMESA DE MANTECA ARGENTINA. FUE TAMBIÉN FUNDADOR Y PRESIDENTE DEL BANCO DE LA NACIÓN ARGENTINA, Y FUNDADOR DEL JOCKEY CLUB. FUE TAMBIÉN UNO DE LOS MÁS SÓLIDOS COLABORADORES DE PELLEGRINI DENTRO DE LAS FILAS AUTONOMISTAS.

EN EL PABELLÓN ARGENTINO. EN EL PABELLÓN ARGENTINO DE LA EXPOSICIÓN DE PARÍS, CARLOS PELLEGRINI EN COMPAÑÍA DE CARLOS MORRA, BENIGNO OCAMPO, ERNESTO PELLEGRINI, ENRIQUE ACEBAL, JULIÁN MARTÍNEZ Y MIGUEL CANÉ, EN UNA DE LAS PRIMERAS FOTOGRAFÍAS TOMADAS CON LUZ ELÉCTRICA.

las provincias argentinas, incluida la de Buenos Aires. Juárez Celman se había retirado de la vida pública, pero sus partidarios lanzaron una formidable ofensiva que culminó con la formación de un nuevo partido, el Modernista, que proclamó la candidatura presidencial de Roque Sáenz Peña, ex ministro de Juárez Celman, y amigo muy cercano de Carlos Pellegrini. La nueva agrupación comenzó rápidamente a ganar la adhesión de varios gobernadores de provincia, incluidos los que estaban al frente de importantes distritos en el litoral. El posible retorno juarista preocupó más a Pellegrini y Roca que el desafío de un incipiente radicalismo que no contaba todavía con los apoyos necesarios para imponerse en una elección presidencial.

Comenzó así la segunda etapa de un alicaído "acuerdo" destinado ahora a impedir el triunfo de Roque Sáenz Peña. Se trató, esta vez, de algo de mucho menor envergadura que la solución acordada con el General Mitre.

La maniobra fue simple y burda, y consistió en proclamar la candidatura de Luis Sáenz Peña, padre de Roque, un antiguo autonomista cercano a los grupos católicos, sin la experiencia ni los apoyos necesarios para asumir la ímproba tarea que se le asignaba. Aunque burda, la maniobra tuvo éxito, ya que provocó la inmediata renuncia de Roque a su candidatura, y con ella el fin de la ofensiva "modernista". Los radicales, por su parte, resolvieron la abstención por falta de garantías, por lo cual terminó electo sin dificultades Luis Sáenz Peña, acompañado por José Evaristo Uriburu, un político salteño afín a Roca.

El biógrafo más importante de Pellegrini, Agustín Rivero Astengo, atribuyó a Roca la paternidad de una maniobra que no es arbitrario calificar de mezquina. Según este autor, Pellegrini prefería la designación de su amigo Roque Sáenz Peña, quien, además, era su socio en un estudio jurídico. Un par de años antes del episodio Aristóbulo del Valle, refiriéndose a Pellegrini, le había escrito a Miguel Cané: "Ni tú ni yo creemos en su altruismo...." (1890). Pellegrini no era, desde luego, "altruista" cuando su futuro político estaba en juego y, además, más que a Sáenz Peña temía a la maquinaria política que lo respaldaba. La idea pudo haber sido de Roca, pero parece difícil quitarle a Pellegrini toda responsabilidad en el episodio.

Los dos "arreglos" comentados muestran una faceta importante del estilo político de Pellegrini, su destreza para lograr combinaciones en el más alto nivel. "La gran muñeca" fue el apodo con el cual sus contemporáneos reconocieron esa habilidad para la negociación. A él mismo le gustaba ufanarse de los logros alcanzados en el ejercicio de esa faceta de su estilo político. Lo curioso de este aspecto, bastante consistente con su filosofía gradualista, es que se combinaba a veces con una notoria propensión y facilidad para acudir a las armas, un rasgo contradictorio con el anterior, y posiblemente originado en los tiempos del viejo "autonomismo porteño". De todas maneras, el éxito alcanzado en las negociaciones de 1892 no fue como para vanagloriarse demasiado. Para un político obsesionado con el orden y la estabilidad institucional no era mayor logro dejar instalado un gobierno tan frágil como el que encabezó Luis Sáenz Peña. Pellegrini, que había asumido en medio de manifestaciones de júbilo, dejaba el poder abucheado por grupos oposito-

HABLANDO POR TELÉFONO
PELLEGRINI, TAL VEZ POR INFLUENCIA FAMILIAR, PRESTÓ MUCHA ATENCIÓN A LOS AVANCES TECNOLÓGICOS. FUE ASIDUO CONCURRENTE A LAS GRANDES EXPOSICIONES INDUSTRIALES Y AGUDO OBSERVADOR DE LAS TRANSFORMACIONES ECONÓMICAS EN EUROPA Y LOS ESTADOS UNIDOS, COMO LO MUESTRA, POR EJEMPLO, SU *SEGUNDA CARTA NORTEAMERICANA*, DE 1904.

LA CASA DE PELLEGRINI. EN SU *CARTA ABIERTA AL DOCTOR LEANDRO N. ALEM,* SEÑALÓ PELLEGRINI: «YO NO VIVO EN CASA DE CRISTAL. TENGO MUCHOS DEFECTOS QUE RESERVAR Y NO SOY UNA VIRGEN, QUE EN SU CASTA Y CANDOROSA INOCENCIA PUEDE EN TODO MOMENTO OFRECERSE A LA CONTEMPLACIÓN PÚBLICA. VIVO EN CASA DE PIEDRA Y ALLÍ HE FORMADO UN HOGAR, CONOCIDO, RESPETADO Y HONESTO. ES ÉSTE REQUISITO INDISPENSABLE PARA MANTENER UNA POSICIÓN SOCIAL QUE CORRESPONDE A LA POSICIÓN POLÍTICA».

res. Como era su costumbre, atravesó caminando a través de quienes lo hostilizaban, tomado del brazo por la respetada figura del General Mitre.

Al dejar la Presidencia se retiró a la vida privada e intentó, sin mucha perseverancia, incursionar en el mundo de los negocios. No tardó mucho, sin embargo, en retornar a la vida política y, una vez más, en el ya reiterado papel de "domador del desorden". Como era de esperar, el gobierno de Luis Sáenz Peña había entrado rápidamente en un ciclo de marcada inestabilidad, signado por continuos cambios de gabinete. En medio de la

JULIO A. ROCA. «NO PRETENDO NI PUEDO PRETENDER QUE LOS SERVICIOS QUE HAYA PRESTADO EL GENERAL ROCA HAGAN DE ÉL EL CANDIDATO OBLIGADO A LA PRESIDENCIA; NO PRETENDERÉ QUE NO HAYA OTROS CIUDADANOS TAN CAPACES Y TAN DIGNOS DEL ALTO PUESTO, NI MENOS QUE EL GENERAL ROCA NO HAYA COMETIDO ERRORES EN SU VIDA POLÍTICA, O QUE NO TENGA DEFECTOS QUE PUEDAN SER FÁCILMENTE SEÑALADOS. NO. CON LO QUE OS HE DICHO, SÓLO QUIERO ESTABLECER QUE ES LO QUE SARMIENTO LLAMABA UN PERSONAJE CONSULAR, QUE SU CANDIDATURA ES LÓGICA Y NATURAL DENTRO DE SU PARTIDO, Y QUE, SI PUEDE SER COMBATIDA, COMO LA DE TODO HOMBRE PÚBLICO, HAY EVIDENTE INJUSTICIA Y APASIONAMIENTO CUANDO SE DA A LA OPOSICIÓN UN CARÁCTER VIOLENTO, OFENSIVO Y ENCONADO.» C.P. (1897)

crisis el presidente recurrió al consejo de Pellegrini, quien dio una respuesta inesperada para un político moderado, pero no sorprendente para una personalidad impulsiva como la suya. Recomendó que se le ofreciera la jefatura del gabinete a su adversario político Aristóbulo Del Valle. Así se hizo efectivamente, y Del Valle formó un ministerio de clara orientación antirroquista, reservándose para él la cartera de Guerra y Marina. El nuevo ministro invitó a los radicales alemistas a participar, pero la respuesta fue el consabido rechazo a integrar cualquier coalición política.

LA SALA. EN ESTA SALA, PELLEGRINI SOLÍA RECIBIR A SUS AMIGOS POLÍTICOS. NO ERA, SIN EMBARGO, SU ÚNICO DESPACHO. ESCRIBIÓ EN UNA OCASIÓN A ESTANISLAO ZEBALLOS: «CUANDO QUIERA VERME VAYA AL JOCKEY, EN LAS ÚLTIMAS HORAS DE LA TARDE, QUE ME ENCONTRARÁ SIEMPRE».

El motivo de esta negativa no tardó en salir a la luz. Casi de inmediato estallaron varias rebeliones provinciales lideradas por la Unión Cívica Radical (Buenos Aires, Santa Fe, San Luis, Tucumán) y por los Cívicos Nacionales (Corrientes, y una paralela en Buenos Aires). Los levantamientos armados se beneficiaron por la indisimulada aquiescencia del ministro Del Valle, y llegaron a adueñarse del gobierno en varias provincias (incluidas las de Buenos Aires y Santa Fe). Pellegrini, que se encontraba en Rosario de la Frontera, regresó de inmediato a Buenos Aires para colaborar en la represión de los movimientos revolucionarios. En esta instancia, ocurrió un suceso tan sorprendente como sugestivo. El tren que conducía a Pellegrini a Buenos Aires pudo haber sido detenido por los revolucionarios en Haedo, pero Hipólito Yrigoyen ordenó que se lo dejara pasar. La decisión de Yrigoyen, presidente del comité de la provincia, causó un notorio malestar entre los alemistas que no

EL ESCRITORIO. EN LA FOTO, VEMOS EL ESCRITORIO UTILIZADO POR CARLOS PELLEGRINI DURANTE SU GESTIÓN COMO SENADOR NACIONAL.

perdonaron la decisión del líder bonaerense. El hecho demostró, además, la buena relación entre Yrigoyen y Pellegrini, que siempre percibió a aquél como un político más moderado y previsible que Leandro N. Alem.

Una vez en la Capital Federal Pellegrini volvió a desplegar su eficacia en la resolución de este tipo de conflictos. En primer lugar, logró modificar la actitud del Congreso hacia el ministro Del Valle; en segundo término, acompañó a las tropas leales que partieron a sofocar la rebelión en Tucumán. En ambas tareas tuvo éxito, y sin el apoyo del Congreso, y luego del presidente, Del Valle renunció siendo reemplazado por Manuel Quintana, quien procedió con mano dura para sofocar los levantamientos armados. Tiempo después (1894) renunciaba el presidente Sáenz Peña y asumía la jefatura del Ejecutivo el vicepresidente, José Evaristo Uriburu. Roca y Pellegrini volvían a restablecer su predominio dentro del PAN y, a partir de allí, en el escenario político nacional.

Luego de su intervención exitosa en los sucesos de 1893, el segundo episodio en esta etapa fue una derrota electoral. Pellegrini fue candidato a gobernador de la provincia de Buenos Aires por la Unión Provincial, nombre que adoptó el PAN en este distrito. Fue derrotado, en comicios bastante limpios y reñidos, por la Unión Cívica Radical, mientras los mitristas se ubicaron cerca, en el tercer lugar. Su partido recibió el mote de "vacuno" por el apoyo que recibió de un importante sector de los hacendados de la provincia. El calificativo no le debió de haber fastidiado demasiado; él mismo exhibió con orgullo ese apoyo cuatro años más tarde, en carta a Bernardo de Irigoyen. Más problemas le trajo, de aquí en adelante, la resistencia que despertó en muchos caudillos locales que visualizaban al círculo pellegrinista como la parte "decorativa y metropolitana" del partido, mientras ellos se autodefinían como el "verdadero elemento de la campaña" (1894).

LA PARTIDA. EL 27 DE MARZO DE 1904, PELLEGRINI PARTIÓ JUNTO CON SU ESPOSA EN EL *DANUBE*, CON DESTINO A FRANCIA. EN CARTA A VICENTE CASARES, RELATA BREVEMENTE LA TRAVESÍA: «HICIMOS UN VIAJE EXTRAORDINARIO. DESDE LA DÁRSENA ALLÁ HASTA CHERBOURG AQUÍ, EL BARCO INMÓVIL CASI, COMO SI NAVEGARA EN EL PARANÁ. CON DECIRTE QUE NO ESTUVE MAREADO UN SOLO DÍA, BASTA. AUNQUE NO EN LOS QUINCE DÍAS PROMETIDOS, EL VIAJE FUE RELATIVAMENTE RÁPIDO —18 DÍAS.»

Una vez más Pellegrini se las ingenió para convertir una derrota en victoria. Como ninguno de los candidatos obtuvo mayoría absoluta, le tocó decidir a la legislatura provincial. En esa instancia, Pellegrini volcó sus legisladores a favor del mitrista Guillermo Udaondo, frustrando las expectativas del candidato radical (de un "rabioso", diría su amigo Cané) que había obtenido el primer lugar en el comicio. Como contrapartida, la misma legislatura lo designó senador nacional. Vuelto al recinto que tan bien conocía, Pellegrini no tardó en convertirse en la figura dominante del Senado, algo que irritó al presidente

Uriburu que, en alguna ocasión, lo acusó de "tiranizar" a la Cámara Alta. Roces personales aparte, lo cierto es que Pellegrini se había convertido en la figura descollante dentro del PAN.

Esta situación no podía dejar de estimular las habituales expectativas en el círculo de sus amigos políticos. Esta vez las posibilidades eran, ciertamente, mucho más altas que las muy tenues que lo habían acompañado en 1886. *El Diario* de Manuel Láinez ironizó alguna vez sobre la superioridad pellegrinista en aquellos tiempos. "....mientras llega la hora del arreglo de cuentas definitivas, qué suerte triste y vejatoria la de los roquistas, tolerados pero no considerados por el tremendo padrino que se han echado encima". Si ésta era la opinión de los observadores externos, no es difícil imaginar la ansiedad que invadió a sus amigos. Pellegrini, sin embargo, volvió a defraudarlos. Miguel Cané, desde Niza, describió elocuentemente el estado

A BORDO DEL *ARAGÓN* DE REGRESO DESDE **E**UROPA
«**H**EMOS FIJADO YA LA FECHA DE NUESTRO REGRESO:
EL 14 DE JULIO, EN QUE HACE SU PRIMER VIAJE
EL **A**RAGÓN, NUEVO VAPOR DE LA **R**OYAL **M**AIL, QUE
ECHAN AL AGUA MAÑANA.» C.P. (1905)

de ánimo de esos amigos: "Ellos no te creen, dices, lo que es muy duro, y lo sé, por experiencia, renunciar al triunfo de nuestras ideas por desestimiento [...] de un hombre querido, con el que se iría seguramente a la victoria, y que nadie puede reemplazar. Ellos han querido forzarte la mano, yo no lo hubiera hecho porque te conozco bien...".

Lo cierto es que, para sorpresa de muchos, Pellegrini se lanzó a apoyar la candidatura de Roca, y lo hizo con demoledora eficacia. En primer lugar, golpeó fuertemente a la proyectada coalición opositora (radicales y mitristas), a la que apodó "Las Paralelas" por la imposibilidad que tenían de unirse en algún punto del recorrido. En esta tarea contó con el apoyo indirecto de Hipólito Yrigoyen que se opuso a la coalición y decidió la abstención electoral para su facción radical, posición que mantuvo por los siguientes catorce años. En segundo término galvanizó a las huestes oficialistas con su conocido discurso en el Teatro Odeón (1897). La razón que alegó para apoyar a Roca y abandonar su propia candidatura, fue la tensa situación que se vivía con Chile. Pellegrini, decidido pacifista, pensaba que con Roca en la Presidencia los chilenos adoptarían una posición cautelosa y no incentivarían la carrera armamentista que parecía inevitable.

No solamente a la situación nacional se dedicó durante aquel año. En una nueva demostración de los recursos que exhibía en negociaciones de alto nivel, impidió el triunfo de los cívicos nacionales en la elección de

JOAQUÍN V. GONZÁLEZ. EN 1902, JOAQUÍN V. GONZÁLEZ, EN ESA ÉPOCA MINISTRO DEL INTERIOR DE ROCA, PROPUSO UNA REFORMA DEL SISTEMA ELECTORAL. UNA DE LAS PIEZAS CLAVES DE SU PROPUESTA FUE EL SUFRAGIO UNINOMINAL POR CIRCUNSCRIPCIONES. GONZÁLEZ PROPUSO ADEMÁS EL VOTO SECRETO. PELLEGRINI DEFENDIÓ EN EL SENADO UNA MODIFICACIÓN A LA PROPUESTA DE GONZÁLEZ, QUE RESTABLECIÓ EL VOTO PÚBLICO. AÑOS MÁS TARDE, PELLEGRINI RECONOCIÓ QUE EL VOTO SECRETO ERA NECESARIO PARA SANEAR EL SISTEMA ELECTORAL ARGENTINO.

gobernador de Buenos Aires en 1898. Comenzó por convencer a Bernardo de Irigoyen (jefe del ala moderada de la UCR) a aceptar la candidatura a la primera magistratura. Luego hizo lo mismo con Hipólito Yrigoyen (al frente del ala abstencionista del mismo partido) para que volcara sus legisladores en apoyo de su rival dentro del partido. Las razones que lo motivaron para emprender esta compleja, y exitosa, maniobra fueron de naturaleza estrechamente partidaria. Reconocía que el saliente gobernador (Guillermo Udaondo) había realizado una gestión muy decorosa pero pensaba que un segundo triunfo de la Unión Cívica Nacional haría muy difícil el futuro para su propio partido. Prefirió, pues, acordar con los radicales, al revés de 1893, para evitar lo que percibía como la mayor amenaza para sus intereses políticos. En carta a Cané volvía a ufanarse de su "gran muñeca": "Para golpearlos [a los mitristas] no tuve más remedio que llamar al partido radical, encontrar la candidatura de Don Bernardo, quiera o no quiera. Conseguí mi objetivo, tengo achatados a los mitristas, pero me he echado encima a los radicales" (1898).

Entre 1880 y 1898 transcurrió la etapa en la que Pellegrini dio prioridad a la consolidación del orden inaugurado luego de la guerra civil de 1880. No es difícil sostener que, con los inevitables altibajos, su participación fue decisiva para el logro de aquel objetivo. No sólo decisiva sino, también, llamativamente variada. Estuvo presente en todos los entreveros armados (1880, 1890 y 1893), fue un hábil negociador en momentos críticos para el régimen, tanto en el plano nacional (1891 y 1893) como en el provincial (1894 y 1898) y, finalmente, le tocó presidir el país en el momento más grave de su historia financiera. Hacia 1895-96 la tarea parecía concluida con el PAN (Roca y Pellegrini) nuevamente en control de la situación política.

Paul Groussac sostuvo que el subperíodo 1893-97 fue el del apogeo de la carrera pública de Pellegrini: "Período de plenitud, en que aparecía como el árbitro de la opinión, consejero escuchado, orador espléndido...". Desde la perspectiva de un partidario del régimen vigente y escéptico del voto universal como Groussac, el juicio se ajustaba a la

REGRESO DE EUROPA. EL 6 DE AGOSTO DE 1905, EL MATRIMONIO PELLEGRINI DESEMBARCÓ EN BUENOS AIRES. POCOS DÍAS MÁS TARDE, MÁS DE QUINIENTAS PERSONAS CONCURRIERON AL BANQUETE REALIZADO EN SU HONOR POR LA JUVENTUD AUTONOMISTA EN EL *PRINCE GEORGE'S HALL*, DONDE PRONUNCIÓ UN IMPORTANTE DISCURSO DEFENDIENDO LA NECESIDAD DE LA REFORMA POLÍTICA.

CON BERNARDO DE IRIGOYEN. EL 15 DE FEBRERO DE 1898, PELLEGRINI CUENTA EN UNA CARTA A CANÉ LOS AVATARES DE LA ELECCIÓN DE GOBERNADOR DE LA PROVINCIA DE BUENOS AIRES, EN LA QUE APOYÓ LA CANDIDATURA DE BERNARDO DE IRIGOYEN: «AQUÍ, HASTA EN CAMA, HE TENIDO QUE ESTAR MANIOBRANDO. LOS MITRISTAS ME COMPRARON A DIEZ ENTRE SENADORES Y DIPUTADOS PARA DESCANGALLARME Y HACER UNA MAYORÍA QUE LES DIERA EN EL ESCRUTINIO MAYORÍA ABSOLUTA DEL COLEGIO ELECTORAL. PARA GOLPEARLOS, NO TUVE MÁS REMEDIO QUE LLAMAR AL PARTIDO RADICAL, LEVANTAR LA CANDIDATURA DE DON BERNARDO, QUIERA O NO QUIERA. CONSEGUÍ MI OBJETO; LOS TENGO ACHATADOS A LOS *MITRISTAS*, PERO EN CAMBIO ME HE ECHADO ENCIMA A LOS RADICALES, QUE RESULTAN AHORA *PELLEGRINISTAS*...».

realidad. No sería arbitrario ir un poco más allá y señalar que durante esos años la actuación de Pellegrini fue aún más decisiva que la del mismo Roca. Quedan, sin embargo, dos temas pendientes. En primer lugar, fue Roca y no Pellegrini quien se alzó con el premio mayor al final del recorrido. En segundo término, Pellegrini, luego del "apogeo", modificó significativamente su enfoque político, en un giro que Paul Groussac nunca llegó a entender cabalmente.

EL POLÍTICO II:
EL MOMENTO DE LA REFORMA ELECTORAL

En 1898 Pellegrini emprendió un largo viaje a Europa, esta vez tratando de restablecerse de una enfermedad nerviosa que causó bastante alarma entre sus amigos. Regresó casi un año después y, nuevamente, su reaparición en la escena política volvió a despertar grandes expectativas. *Caras y Caretas* ilustró bien ese estado de ánimo titulando su edición "La llegada del Mesías" y agregaba la siguiente cuarteta: "Elévanse hasta el cielo los hosannas/y el órgano sus graves armonías/mezcla al himno triunfal de las campanas/pues ya llegó y según las profecías/desde tierras lejanas/don Carlos Pellegrini, alias Mesías" (5/8/1899). Estanislao Zeballos alertó desde la *Revista de Derecho, Historia y Letras* ("Pellegrini. Esperanza, exageraciones y realidades") sobre las exageradas expectativas y recomendó a Pellegrini un cauteloso camino intermedio entre los que pretendían que pasara a liderar la oposición a Roca y los que, por el contrario, querían verlo colaborar con una administración que estaba pasando por una coyuntura difícil. Como era de esperar le brindó un discreto apoyo a su reciente aliado político, tratando de calmar los ánimos de los más exaltados de sus amigos. De todas maneras, sin embargo, estaba lejos de mantener el entusiasmo desplegado durante la campaña presidencial de 1897.

El bajo perfil no implicó, desde luego, inactividad. Volvió a ocupar su banca en el Senado, desde donde pronunció el influyente discurso apoyando la ley de convertibilidad monetaria. Para muchos había sido, junto con el fuerte empresario Ernesto Tornquist, el verdadero mentor del proyecto, una interpretación que minimiza la importante participación de José M. Rosa, entonces ministro de Hacienda de Roca. En esta época intervino en la fundación del diario *El País*, un periódico destinado a la prédica proteccionista, y de claras simpatías por el gobierno de Roca. Esta estadía en la Argentina duró sólo un año; en agosto de 1900 volvía a iniciar otro largo viaje a Europa.

El nuevo viaje, al revés de los anteriores, pareció responder al simple propósito de alejarse del país. A poco de llegar a París le escribió a Zeballos en los siguientes términos: "Veo que persiste en creer que alguna misión especial motiva mi viaje. Estoy aquí simplemente por no estar allá...Me vine porque no me cuadraba la situación que me estaban creando los sucesos y la inercia pública". La carta es ilustrativa del período, ya comentado, que precedió a la ruptura con Roca y al comienzo de su cruzada reformista. Poco antes, en carta a Miguel Cané había trazado un cuadro poco optimista del escenario político nacional: "Hoy por hoy sólo queda el Partido Nacional en la República, y nosotros y los mitristas en Buenos Aires" (1899). Fueron dos años en los que expresó, se recordará, su disconformidad con la situación política, con el predominio de "gobiernos electores" y "caudillos locales" y su desazón por la ausencia de una genuina opinión pública.

Hacia el final de su estadía en Europa aceptó realizar, a pedido de Roca, gestiones financieras para unificar la deuda externa. A su regreso al país, habló en el Senado apoyando el proyecto del ministro Berduc, tendiente a lograr aprobación parlamentaria para el proyecto de unificación. La propuesta obtuvo media sanción en la Cámara Alta y pasó a Diputados para su aprobación definitiva. En ese preciso momento se desataron los incidentes que condujeron a un cambio significativo en la vida política de Pellegrini.

JOSÉ A. TERRY. «ARTÍCULOS DE LA PRENSA EN CONTRA DE LA LEY [DE UNIFICACIÓN DE LA DEUDA EXTERNA] Y OPINIONES MANIFESTADAS EN IDÉNTICO SENTIDO, Y AUN CON CALUMNIOSO VENENO, PRODUJERON UN ESTADO DE EXCITACIÓN EN LA CAPITAL, QUE SE AGRAVÓ CUANDO JOSÉ ANTONIO TERRY, EN SU CÁTEDRA DE FINANZAS, EN LA FACULTAD DE DERECHO, LA ATACÓ CON VIOLENCIA. LO PRESENTABA COMO DENIGRANTE AL HONOR Y AL CRÉDITO DE LA NACIÓN, TOCA LA FIBRA PATRIÓTICA DE LOS ESTUDIANTES UNIVERSITARIOS, QUE SE LANZARON A LA CALLE, PROCEDIENDO CON VIOLENCIA HASTA APEDREAR LA PROPIA CASA DE PELLEGRINI.» ALFREDO LABOUGLE (1957)

**CARICATURA DE
LA COTORRA,
23-11-1879,**
« ÚNICOS MEDIOS
PARA LOS CIUDADANOS
PACÍFICOS DE IR A
VOTAR LIBREMENTE
SIN QUE LES AGUJE-
REEN EL CUERPO».

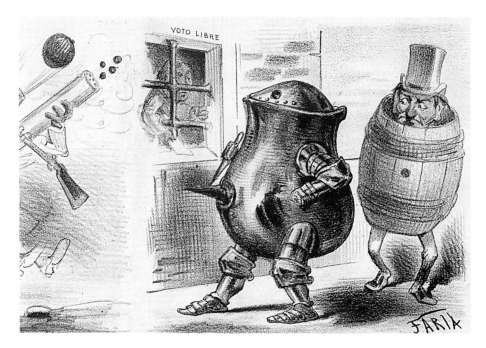

La iniciativa había despertado fuertes críticas porque se la consideraba lesiva para la soberanía nacional al otorgar como garantía las rentas de la aduana. El titular de la cátedra de Finanzas, José Terry, ex ministro de Hacienda, sometió al proyecto a una áspera crítica frente a una audiencia de estudiantes universitarios. Al finalizar el acto se organizó una ruidosa manifestación que fue ganando en número y agresividad con el correr de los minutos, para terminar derivando en una generalizada pedrea a las casas de Pellegrini y Roca, y al local del diario *El País*. El gobierno reaccionó sancionando el estado de sitio en la Capital Federal y logró el apoyo del Congreso en una sesión donde el principal orador fue Carlos Pellegrini.

Así las cosas, Roca dio un giro tan abrupto como inesperado a su posición en la materia. Decidió, sin más, retirar el proyecto de unificación, según se dijo, aconsejado por el General Mitre que, en la ocasión, habría pronunciado una frase (atribuida a Mirabeau) que luego se repitió hasta el cansancio: "Cuando todo el mundo se equivoca, todo el mundo tiene razón". Las consecuencias fueron inmediatas: renunció Berduc, ministro de Hacienda, y Exequiel Ramos Mejía (Agricultura) quien lo hizo en solidaridad con Pellegrini. La violenta reacción de éste último no se hizo esperar: presentó una moción en el Senado para levantar el estado de sitio y acusó a Roca de haber incurrido en una "cobardía incalificable". La imagen de Pellegrini aparecía, sin embargo, deteriorada; en julio de 1901,

EMILIO MITRE. PARA LAS ELECCIONES DE DIPUTADOS NACIONALES DE 1906, PELLEGRINI CONCERTÓ EN LA CAPITAL FEDERAL LA LISTA DE LA COALICIÓN POPULAR, QUE TRIUNFÓ EN LOS COMICIOS. UN ELEMENTO CLAVE EN LA COALICIÓN ERA EL ACUERDO CON EMILIO MITRE. NO ERA LA PRIMERA VEZ QUE MITRE Y PELLEGRINI SE ALIABAN. EN 1894, AMBOS HABÍAN ACORDADO EL APOYO DE LOS ELECTORES DE PELLEGRINI AL CANDIDATO MITRISTA A GOBERNADOR DE LA PROVINCIA DE BUENOS AIRES.

la portada de *Caras y Caretas* daba buena cuenta de la situación al titular con un expresivo "Liquidación de muñecas".

El rompimiento de una vieja y exitosa alianza política quedaba sellado para siempre. A partir de la ruptura con Roca, Pellegrini se retiró del PAN, se alejó del diario *El País* y fundó su propia agrupación a la que denominó Partido Autonomista. El nombre revivía viejas tradiciones bonaerenses, pero era poco representativo de las ideas que profesaba en aquel momento. Por primera vez, Pellegrini pasaba a militar como opositor al PAN, el partido que había contribuido a fundar y mantener en el poder. Desde su banca de senador no se convirtió, sin embargo, en un opositor sistemático, pues apoyó aquellas iniciativas del gobierno (la ley electoral González, por ejemplo) que le parecieron positivas para el desarrollo institucional del país. Su ímpetu opositor se exteriorizó principalmente en mitines, conferencias y artículos periodísticos, y en algunos discursos parlamentarios. Como se mencionó anteriormente, el nuevo partido se dio un programa basado en tres principios: proteccionismo económico, legislación social y reforma política. Fue este último tema el que se convirtió en el ariete principal de su crítica incesante a la administración roquista. En 1904 decidió presentarse a elecciones a senador nacional por la Capital Federal enfrentando al candidato oficialista Benito Villanueva. Pellegrini tenía ahora que lidiar con dos poderosos rivales, el presidente Roca y el gobernador de Buenos Aires, Marcelino Ugarte, que controlaba la mayoría de los distritos electorales de la región y que interfería continuamente en la vida política de la Capital Federal. Para Pellegrini, Ugarte era el prototipo del político *Southamerican*, aunque el personaje, para ser precisos, no se diferenciaba demasiado de sus demás colegas en la época. La combinación Roca-Ugarte resultó demasiado poderosa para el nuevo partido y Pellegrini fue derrotado en la elección. Para Ramón Cárcano la influencia de Roca había sido decisiva: "Se ve que el General Roca está dispuesto de cualquier manera a cerrar las puertas del Congreso a Pellegrini...." (Carta a Cané de julio de 1904).

La derrota electoral no desdibujó demasiado la imagen de Pellegrini, y su nombre volvió a mencionarse con insistencia para la renovación presidencial de 1904. Roca, debilitado, no estaba en condiciones de imponer un sucesor, por lo cual inventó una pintoresca Asamblea de Notables a la que convocó a cientos de personalidades de todos los ámbitos de la actividad nacional. Hubo un momento en el cual todo apuntaba a que Pellegrini obtendría el apoyo de la mayoría de los concurrentes. Roca y Ugarte se encargaron rápidamente de que no fuera así, y lograron imponer al

CARICATURA DE *CARAS Y CARETAS*, 5-8-1899. «LA LLEGADA DEL MESÍAS./ ELÉVENSE HASTA EL CIELO LOS HOSANNAS,/ Y EL ÓRGANO SUS GRAVES ARMONÍAS/ MEZCLE AL HIMNO TRIUNFAL DE LAS CAMPANAS, PUES YA VOLVIÓ, SEGÚN LAS PROFECÍAS,/ DESDE TIERRAS LEJANAS,/ DON CARLOS PELLEGRINI, ALIAS MESÍAS».

binomio Quintana-Figueroa Alcorta. La reacción de Pellegrini fue la espe-rada: se retiró de la Asamblea con todos sus partidarios. La fórmula elegi-da ilustraba nítidamente la debilidad política de Roca; Quintana era un independiente de antiguas inclinaciones mitristas y Figueroa Alcorta un ex juarista con escasas simpatías por el roquismo. Carlos Pellegrini volvía a quedar, sin embargo, en los umbrales de la Presidencia de la República.

Luego de este episodio emprendió un largo viaje, primero a los Esta-dos Unidos y luego a Europa. La larga visita al primer país impactó, cier-tamente, en su pensamiento político, lo cual quedó reflejado en sus ya comentadas "cartas norteamericanas". De regreso a la Argentina prosiguió su campaña por la reforma política, aunque esta vez con una estrategia diferente a la utilizada en 1904. Decidió presentarse en las elecciones de diputados nacionales de 1906 en la Capital Federal, pero esta vez lideran-do una amplia *Coalición* política que reunía a los republicanos (ex cívi-cos) de Emilio Mitre, a los radicales bernardistas y a algunos ex roquistas. La energía que desplegó durante la campaña fue recordada años después por Exequiel Ramos Mejía: "Le he oído durante esa memorable campaña veintiún discursos, a cual más elocuente, sin un apunte en la mano, todos diferentes, vibrantes y entusiasmadores...". El esfuerzo tendría esta vez su recompensa, pues la *Coalición* triunfó cómodamente a pesar de una nue-va interferencia del gobernador Ugarte. Pellegrini volvía, después de vein-tiocho años, a ocupar una banca en la Cámara de Diputados. En su breve estadía en el recinto pronunció el que fue, quizás, el discurso más dramá-tico de su carrera política, en el cual, al evocar la figura de Aristóbulo del Valle realizó una amplia autocrítica que culminó con un enfático: "esta-mos hoy peor que nunca". El esfuerzo de la campaña y de su breve, pero intensa, labor en Diputados fue demasiado para una salud resentida desde hacía tiempo. El 17 de julio de 1906, a los cincuenta y nueve años, Carlos Pellegrini fallecía en Buenos Aires de la misma enfermedad, agravada por una nefritis, que lo había aquejado intermitentemente durante los últimos ocho años de su vida.

Durante más de tres décadas de vida política, Pellegrini ocupó casi todos los cargos que brindaba el sistema institucional argentino. Le faltaron dos cosas por las que bregó, con distinta intensidad, desde mediados de los años ochenta: llegar a la Presidencia con sus propios recursos y liderar un partido conservador de alcances nacionales. En la política de su época, lo primero era condición casi indispensable de lo segundo. Cuando llegó a la Presidencia fue por razones accidentales (la renuncia de Juárez Celman) y por un período demasiado breve para organizar su propia estructura partidaria. Después de esta experiencia dos veces más (1898 y 1904) tuvo la posibilidad de acceder al cargo, y en ambas ocasiones dio un paso atrás en las instancias finales.

No es fácil dar una explicación plausible a una actitud que depende de estados de ánimos y evaluaciones políticas de carácter subjetivo. No fueron ni decisión ni coraje lo que le faltó durante su trayectoria política, por lo que es posible conjeturar que fueron otros los factores que concurrieron a que adoptara las decisiones comentadas. Alguien podría argüir razonablemente que su personalidad, su mentada "intermitencia" no era la más adecuada para perseguir las metas que le proponían insistentemente sus amigos. Pellegrini era, además, un político *full-time* sólo por períodos y no tenía mayor inconveniente en alejarse de la actividad para dedicarse a una vida social que siempre le resultó atractiva. Parece excesivo, sin embargo, descansar solamente en esta explicación descartando toda incidencia de factores de otra índole. No está de más recordar que Pellegrini era, primordialmente, un político.

Fue, además, un político realista, con un conocimiento bastante adecuado de la realidad nacional. Pudo haber concluido, por lo tanto, que

ORADOR
«Y POR MUCHO QUE ÉL ESCRIBIERA ESAS COSAS, EN REALIDAD LAS IMPROVISABA. ORADOR, COMO ESCRITOR, ÉL IMPROVISABA SIEMPRE, Y ACASO ABANDONÁNDOSE DEL TODO A ESA FACULTAD DE IMPROVISACIÓN, HUBIERA TENIDO EFECTOS MÁS INTENSOS QUE ALCANZÓ NUNCA, PUES AL DESCONFIAR DE SUS DONES Y PREPARARSE O SOMETERSE A UN PROCESO DE ELABORACIÓN PREVIA, ENFRIÁBASE UN TANTO SU ELOCUENCIA, QUE EN REALIDAD SÓLO BRILLABA EN ALTO POR LO QUE EN ELLA HABÍA DE MÁS ESPONTÁNEO Y MENOS TRABAJADO.»
JOAQUÍN DE VEDIA, (1922)

las posibilidades de triunfo en una elección presidencial eran limitadas y dependientes de factores que estaban totalmente fuera de su control. Había sobresalido, como quedó dicho, en varias facetas de la vida pública; como parlamentario, como *campaigner*, como administrador y finalmente, como eficaz y hábil organizador de coaliciones políticas. Tuvo, empero, puntos débiles en aspectos cruciales de aquel sistema: su endeble relación con los caudillos locales en la provincia de Buenos Aires, y especialmente, su escasa influencia con los políticos más influyentes de los otros estados argentinos. Pellegrini fue siempre minoritario en sus dos distritos "fuertes" (provincia y ciudad de Buenos Aires) y casi irrelevante en las otras regiones del país.

En una situación como la descripta hubiera necesitado el apoyo de un (para usar su propia definición) "gran elector". Julio A. Roca amagó ser, durante un largo período, el personaje indicado para asumir esa tarea. Por las razones que fuera nunca quiso, sin embargo, dar el paso decisivo, y cuando lo dio (1904) fue en sentido contrario al esperado. Miguel Cané tenía, tal vez, razón cuando intuyó en 1889 que Roca y Pellegrini eran de "naturaleza" distinta, concepto que repitió diez años después *El Diario* de Láinez cuando en plena alianza de ambos políticos sostuvo que "no cabían en el mismo hemisferio". Sin el apoyo de un "gran elector" y con una base endeble entre los caudi-

CARLOS PELLEGRINI EN 1905. «IMPETUOSO COMO LOS AGITADORES, REFLEXIVO Y MADURO COMO LOS ESTADISTAS, DÉBIL CON LOS AMIGOS HASTA EL ERROR, SEVERO Y DOMINADOR CON ELLOS, DESPREOCUPADO CON LAS POMPAS DEL PODER, RESPIRANDO SIEMPRE EN ALTURAS, INVENCIBLE COMO UN GIGANTE EN UNAS HORAS, DESALENTADO COMO UN NIÑO EN OTRAS; PERSONALIDAD CIVIL EXTRAORDINARIA, GENERAL SIN DESPACHO EN LOS CAMPOS DE BATALLA, QUE HA ESCRITO LA MÁS HERMOSA PÁGINA EN LOS ANALES DEL EJÉRCITO ARGENTINO; PORTEÑO DE GUSTOS Y DE PREOCUPACIONES EUROPEAS, NACIONALISTA DE INTRANSIGENCIA INDÍGENA; TAL ERA CARLOS PELLEGRINI.» ESTANISLAO ZEBALLOS (1906)

llos bonaerenses, Pellegrini dedicó sus últimas energías a generar una opinión pública independiente que le permitiera compensar esas dos carencias decisivas. No parece, sin embargo, que la sociedad y la política argentinas brindaran un terreno fértil para ese tipo de experimentos. Pellegrini no fue el primero ni iba a ser el último de los políticos argentinos, de distintos signos, que fracasaron ensayando esa alternativa.

Lamentablemente para Pellegrini el "gran elector" apareció cuando ya era demasiado tarde, en la persona del presidente Figueroa Alcorta, que terminó de desmontar la estructura política del roquismo y pudo anular, por un tiempo, la influencia de Marcelino Ugarte. Pellegrini había vislumbrado claramente esta posibilidad cuando aconsejó a sus amigos apoyar la gestión del presidente. La muerte frustró esta última posibilidad que fue recogida por Roque Sáenz Peña, su heredero político. No está de más señalar que la candidatura de Sáenz Peña le fue sugerida a Figueroa Alcorta por Vicente Casares, uno de los más destacados integrantes del círculo pellegrinista. No es de extrañar, entonces, que una parte sustancial de la prédica del último Pellegrini se viera implementada en la realidad con la sanción de la ley Sáenz Peña (1912) que otorgó seriedad y limpieza al sistema electoral.

La otra parte del proyecto político de Pellegrini, la formación de un partido conservador moderno y de alcances nacionales, no corrió la misma suerte. Es posible que el viejo PAN estuviera ya desgastado, dividido y demasiado inmerso en una realidad que había sido superada por los rápidos cambios que acaecieron en la sociedad argentina. Apelando a distintos medios, y desde distintas perspectivas, Pellegrini procuró, infructuosamente, modificar esa realidad. El intento, a pesar de todo, enriqueció el debate institucional e ilustró, como pocos, algunas facetas cruciales de aquella época de la historia argentina. ■

EL FINAL
«EN LA RECOLETA, LA PRESIÓN DE LA MULTITUD NO PUDO SER CONTENIDA POR LOS BOMBEROS. LA GENTE, EXASPERADA, GRITABA: '¡SOMOS EL PUEBLO!', '¡EL PUEBLO QUIERE ENTRAR AL CEMENTERIO!'. EL PUEBLO ENTRÓ Y ESCOLTÓ EL CADÁVER DEL HOMBRE A QUIEN APEDREARA EN OTRO TIEMPO. HUBO LA SENSACIÓN, Y EL PHESIDENTE LO DIJO EN SU DISCURSO, DE QUE HABÍA CAÍDO EL MÁS FUERTE.»
OCTAVIO AMADEO (1927)

TRIBUNAL DE LA HISTORIA

P<small>AUL</small> G<small>ROUSSAC</small> <small>RETRATA LA PERSONALIDAD Y EL</small> <small>ESTILO DE SU AMIGO, EL</small> "<small>PILOTO DE TORMENTA</small>" (<small>PÁG.</small> 76). U<small>N GRUPO DE DIRIGENTES RADICALES,</small> <small>DESTERRADOS POR</small> P<small>ELLEGRINI EN</small> 1892, <small>RECLA-</small> <small>MA POR SUS DERECHOS</small> (<small>PÁG.</small> 78). E<small>STANISLAO</small> Z<small>E-</small> <small>BALLOS EVOCA AL</small> "<small>MÁS HUMANO DE NUESTROS</small> <small>HOMBRES POLÍTICOS</small>" (<small>PÁG.</small> 80). J<small>OSÉ</small> L<small>UIS</small> R<small>OME-</small> <small>RO RESEÑA LA CONVERSIÓN DE</small> P<small>ELLEGRINI A LA</small> <small>CAUSA DE LA REFORMA POLÍTICA</small> (<small>PÁG.</small> 82). E<small>MILIO</small> J. H<small>ARDOY DESTACA EN</small> 1983 <small>LA ACTUALIDAD DE</small> P<small>ELLEGRINI</small> (<small>PÁG.</small> 83). R<small>ODOLFO</small> P<small>UIGGRÓS ANALI-</small> <small>ZA LA TRAYECTORIA DE UN</small> «<small>CAMPEÓN DEL LIBRE</small> <small>CAMBIO Y LAS INVERSIONES EXTRANJERAS</small>» (<small>PÁG.</small> 85).

PILOTO DE TORMENTA

Paul Groussac

Se le ha tildado, con alguna razón, de improvisador atropellado, que muchas veces no tomó para sí, ni dejó a sus colaboradores el tiempo preciso de la reflexión y del estudio en materias graves que lo requerían. El defecto reprochado, real en principio, resultó casi siempre una cualidad preciosa en aquellas circunstancias extraordinarias, que imponían la improvisación. Y debe, además, alegarse en descargo, si no en justificación general del proceder, que con esa manera rápida de tirar sin apuntar, acertó más a menudo que otros con sus cavilaciones y "pies de plomo".

También mereció reparo el abuso de llaneza criolla que, por momentos, prestaba al gran despacho de gobierno ultrapintoresco de un salón de club, donde todos entraban confundidos: ministros, congresales, militares, funcionarios, arbitristas, ociosos y personas sin importancia, formando diez corrillos entre nubes de humo; mientras el presidente, de pie, agitado, desbor-

PELLEGRINI
CARICATURA EN TINTA FIRMADA POR TALLER REALIZADA EN VIDA DE CARLOS PELLEGRINI CON LEYENDA Y FIRMA.

LA BIENVENIDA. CARICATURA DE *EL GUERRILLERO*, 6-8-1905.
LA PRENSA Y EL PUEBLO ENTUSIASMADO DANDO BIENVENIDA A CARLOS PELLEGRINI.

dante, cordial, trataba a voces los asuntos de estado e iba de un grupo a otro pronunciando el sí o el no definitivo, cortando de un sablazo la pretensión impertinente, e interrumpiendo de golpe una audiencia para firmar un expediente o redactar un telegrama... Sin duda, a ratos, el *sans-façon* parecía excesivo, si bien contenido dentro de los límites del cariño familiar, y, en caso necesario, prontamente sofrenado por un fruncimiento de cejas harto significativo. Pero, ¿cómo no preferirlo al exceso contrario a esa solemnidad postiza de algún sucesor, que entre nosotros resulta siempre caricatural? [...]

Leader político, exponente social, protector decidido de la industria y (con las precauciones debidas) del arte nacional en su período de balbuciente aprendizaje, mentor benévolo de la juventud: en todo se interesaba, a todos acogía y alentaba con un aviso o una ayuda. A este período de plenitud, en que aparecía como árbitro de la opinión, consejero escuchado, orador aplaudido, hasta escritor espontáneo y feliz en los raros ensayos escapados de su pluma rápida: a ése su trayecto triunfal por la meseta culminante de la existencia, se refiere el "medallón" de *La Biblioteca*, escrito cuando publicó allí sus *Treinta años después* (septiembre de 1896), y del cual me permito reproducir algunas líneas, impresión directa y acaso expresión fiel de la realidad, para mostrar siquiera cómo, en presencia del modelo vivo, no se le ocurrió al medallista amigo disimular el desperfecto, cuya ausencia dañara al parecido:

"Un piloto de tormenta; acaso descuidado en la bonanza, pero que recobra toda su sangre fría cuando la pierden los demás... Intermitente, como todos los excesivos; con defectos proporciona-

EL INCURABLE
CARICATURA DE CAO EN CARAS Y CARETAS, 16-9-1899,
—¿HA VISTO, DOCTOR, CÓMO SE ME HA VUELTO A REPRODUCIR?
—EFECTIVAMENTE. PERO NO ESTÉ CON CUIDADO, PORQUE TAMBIÉN SE PRESENTA CON CARÁCTER BENIGNO.

Si examinamos el sistema adoptado por el presidente doctor Pellegrini, como plan financiero durante su gobierno, es decir, basar éste en la emisión de billetes inconvertibles y hacer un empréstito –me parece el más colosal que hemos realizado– para pagar los intereses de la deuda, creo que no encontrará el señor senador un solo libro científico, una sola opinión autorizada de estadista, que diga que ése es un sistema financiero.

Podrá ser un expediente para salir de la dificultad; podrá ser todo lo hábil que se quiera; pero jamás sería un sistema financiero.

JUAN J. ROMERO
DISCURSO EN LA CÁMARA DE SENADORES DE LA NACIÓN (1896)

PROTECCIONISTAS. *CARAS Y CARETAS,* 13-1-1900. ESPECÍFICO PROTECCIONISTA. CONFORME AL PLAN QUE MADURÓ EN PARÍS, ADMINISTRA A LA INDUSTRIA ESA EMULSIÓN, CREYENDO QUE CON TAL MEDICACIÓN SE SALVARÁ EL PAÍS.

dos a sus cualidades, puesto que son los huecos de sus relieves. Mientras fue joven –¡y larga ha sido su juventud!– quemó, según el dicho francés, la vela por las dos puntas. La edad le ha calmado, un poco. Pródigo de su aflujo nervioso, debe al enorme desgaste pasional minutos de un desaliento vecino de la postración. Pero la tregua es breve, y a poco se yergue nuevamente el atleta, armando sin esfuerzo el arco homérico, para otros imposible. Repentista incoercible, la improvisación es su facultad dominante y su defecto mayor. En él la percepción del conjunto es instantánea y casi siempre certera: cuando yerra, por haber descuidado un factor del problema, atropella el obstáculo, pasando al través. Pero, lo que daña al pensador político, aprovecha al estadista. Entre tantos sopladores de frases huecas y enfermos de abulia, vacilantes en el umbral de la ejecución, éste es varón de obra y voluntad. Cada discurso suyo es un acto; su raudal oratorio trae la energía eficaz de las alturas; no parece sino que su dicción martillada tuviera ademanes visibles, amasadores del hecho próximo".

"CARLOS PELLEGRINI" EN LOS QUE PASABAN

LOS DESTERRADOS RADICALES

Juan Posse y otros

Es notorio que el orden público no se ha alterado en nuestra patria, ni nación alguna ha invadido su territorio, únicos casos en que puede ser declarado el estado de sitio.

Y sin embargo éste ha sido decretado; las cárceles de la República hanse llenado de ciudadanos, y en cuanto a nosotros por una orden presidencial, fuimos constituidos en prisión; por una orden presidencial, trasladados a un buque de la armada y finalmente por una orden presidencial hemos sido arrojados al extranjero sin que lo hayamos solicitado, como estábamos facultados por el art. 23 que rige bajo el estado de sitio.

Así, entonces, el estado de sitio, estado que viene haciéndose normal entre nosotros desde que el doctor Pellegrini asumió el mando supremo, fue decretado sin la existencia de las causales establecidas por la Constitución, y ordenada la prisión de los miembros dirigentes del partido radical para recién ir en busca de la prueba a sus hogares interrogando a la familia, las relaciones, revolviendo los archivos y violando la correspondencia en todo el país, de cuanto ciudadano condena y combate el régimen imperante.

No se ha ido, pues, de la prueba al delincuente, sino que se ha inventado el delincuente para forjar la prueba, y lógicos, han hecho preceder la pena a la sentencia y la sentencia al juicio.

Tan insólito proceder, muévenos, según lo dejamos expresado, a lanzar esta protesta y no es tanto el hecho de haberse violado en nuestras personas lo que principalmente constituye la existencia política y civil de los argentinos: no son los daños que moral y materialmente nos arroga la iniquidad de que hemos sido víctimas; es algo más que eso; es la dignidad cívica que se subleva, es el instituto de la solidaridad social que en cada caso individual defiende los intereses y derechos colectivos, lo que nos hace condenar los avances de un gobierno que se ha alzado con la suma del poder público colocándose en las condiciones de los expresamente declarados por la Constitución como infames traidores de la patria.

En Leandro N. Alem, Mensaje y Destino.

El Gladiador. *Caricatura de Caras y Caretas,* 11-11-1899 «Pollice Verso» por Villalobos. De influencia oficial mejor armado,/ triunfar el gladiador ha conseguido,/ y a pesar de los ayes del vencido./ Muerte sin piedad dice el Senado.

Ahí tenemos su discurso en el Congreso de la Nación, testamento político en el que hace el panorama del esfuerzo conjunto de todos los argentinos, sin agresiones; al contrario, recalcando en sus propios correligionarios el error que cometían al no dar la libertad electoral; al no respetar la soberanía popular y señalando todos los peligros que podía traer esa conducta para la República. Y por eso, a pesar de haber sido enemigo del radicalismo, no se realiza asamblea popular o mitín radical, sin que el nombre de Pellegrini no sea recordado; ¿por qué?, ¡porque dentro de su orientación, tal vez equivocada, reconocemos que fue un gran patriota y un gran hombre de gobierno!

Marcelo T. de Alvear, *(1941)*

Medalla a Carlos Pellegrini fundador del Jockey Club de Buenos Aires y del Banco de la Nación Argentina (1996)

EL MÁS HUMANO DE NUESTROS HOMBRES POLÍTICOS

Estanislao S. Zeballos

Ha revelado en la primera época de su vida –en la ascensión– todas las calidades y los excesos de los temperamentos nerviosos y de lucha. Grandes han sido, por eso, sus yerros, al par que eminentes los servicios prestados a la Nación.

LO DEL ENCAJE. *CARICATURA DE CARAS Y CARETAS,* 30-9-1899.
—LO HE TRAÍDO DE PARÍS, EXPRESAMENTE PARA USTED, MARCHANTA.
—¿Y ES DE ORO, O DE PAPEL?
—DE PAPEL DORADO; PERO ADORNA COMO EL QUE VD. QUERÍA.

LIQUIDACIÓN DE MUÑECAS
CARAS Y CARETAS, 20-7-1901.
 GRAN REBAJA DE PRECIOS POR CESACIÓN DE NEGOCIO. YA NO SOY EL ÚNICO.

Más tarde, de pie en la cumbre, una reacción profunda se opera en su carácter y en sus medios. Se abre la segunda jornada de la vida –por desgracia la última– la del hombre del estado; y el talento maduro y profundo, mostrando de improviso la intensidad que no pocos le negaban, sorprendía a la República por la madurez y el acierto de las advertencias y de las vistas. Sus *impromptus* eran profundamente meditados.

He aquí un caso de funcionamiento cerebral retardado, una excepción feliz a la precocidad de las inteligencias suramericanas. La obra de éstas, juvenil, precipitada, enciclopédica y no raras veces hueca, se esteriliza y disipa a menudo entre sus propios excesos. Pero el cerebro del doctor Pellegrini, supeditado por el impulso de la lucha, que durante cuarenta años absorbió su existencia, elaboraba inconscientemente, y cuando en una atmósfera serena de gobierno o en el seno de la naturaleza tónica y tibia, daba formas a la concepción intelectual, hallaba y emitía los más nobles conceptos de la política, del arte y de las letras en rasgos espontáneos, bellos y profundos. Sus cartas políticas y los discursos parlamentarios de los últimos siete años y especialmente el último, han sido, en efecto, una revelación. Sus argumentos estrechan y destruyen. Su palabra, destituida de ampulosidad, brilla, con la elocuencia de la cordura y de la meditación, y razona, seduce, convence o vibra, agresiva, clta, con acentos y gestos de poder y de convicción irresistibles. No le falta la nota sentimental profunda y conmovedora. Pero sus arengas políticas son de una altivez espontánea que avasalla. ¡Entonces no habla, parece que manda! Y esta autoridad predomina también en la plaza pública, cuando los hombres que lo han acompañado con fidelidad durante toda su vida, disienten con él y quisieran arrastrarlo a

LÓPEZ Y PELLEGRINI. (VICENTE FIDEL) LÓPEZ —¿QUÉ IMPERTINENCIAS QUERÍAN ESTAS SEÑORAS? PELLEGRINI —NADA, LO DE SIEMPRE, QUE LA UNIÓN CÍVICA CONTINÚE GOBERNANDO.

otras arenas y él los rebate y se queda. Para muchos es extraño que con tales arranques e intransigencias persistiera su prestigio; pero se olvida que era el más humano de nuestros hombres políticos y concedía o negaba, se sacrificaba o se eliminaba, daba o agradecía, acompañaba o defendía, era todo claridad y decisión y no engañaba jamás. Sabía a dónde iba e iba siempre derechamente. Ésta ha sido ventaja primordial suya sobre otros políticos, que se dejan sorprender por los sucesos y extravían las fuerzas y suscitan descontentos y resistencias por sus hesitaciones, tibiezas y rodeos.

Nada lo detiene una vez resuelto, ni el peligro, ni el clamor de las oposiciones ardientes, ni la fuerza desproporcionada del adversario, ni la revolución misma; y cuando no pesan sobre él las responsabilidades directas del mando, pero peligran en otras manos instituciones, tendencias y partidos, él llega siempre y gallardamente a tiempo para reanimar a los dispersos entre la confusión y el pánico y a las veces, entre las balas del combate fratricida. ¡Se ha dicho de él en Montevideo que era un general sin despachos!

Ha salvado así tres veces al partido nacional de la derrota y de la disolución, y dos veces a la República de los estragos de la anarquía y de odios prolongados y sangrientos.

"C. PELLEGRINI. NOTA BIOGRÁFICA" EN REVISTA DE DERECHO, HISTORIA Y LETRAS, *(1906).*

LA AMNISTÍA EN BUEN CAMINO *EL GUERRILLERO,* 17-12-1905, POR P. J. MOLINAR.

Es decir, el despojo y la servidumbre, el patrimonio nacional trasladado a manos de los prestamistas. Tal era la política de los "proteccionistas" Pellegrini y López, que resultaban protegiendo exclusivamente a los acreedores extranjeros. Vastos sectores de población acomodada se proletarizaron en esa hora trágica de la vida argentina, con las consiguientes repercusiones en la moral y las costumbres. Porque mientras los acreedores extranjeros recibían religiosamente el pago de sus cupones, la quiebra de los bancos oficiales dejaba en la calle a los depositantes y a los tenedores de cédulas, en su mayoría pequeños ahorristas y gente de trabajo, que aspiraban a asegurarse su porvenir y el de sus hijos bajo la fe del Estado nacional. Con respecto a éstos no se sentía obligado, sin duda, el *honor* del doctor Pellegrini.

ERNESTO PALACIO
Historia de la Argentina,
(1957)

LA CONVERSIÓN DE PELLEGRINI

José Luis Romero

Pellegrini había sido uno de los más genuinos representantes de la política liberal y antidemocrática, y sus manifestaciones acerca de los anhelos de libertad electoral que demostraba ya algún sector de la masa acusaban cierto impúdico desprecio por los principios de la democracia; mas las vicisitudes políticas hicieron mella en su espíritu magnánimo y sus convicciones comenzaron a modificarse. De acuerdo con Roca y, sobre todo, con su ministro Joaquín V. González, defendió una importante modificación en el sistema electoral que establecía el voto uni-nominal, modificación que fue luego suprimida por el presidente Quintana. Y tras un viaje a Europa, volvió al país manteniendo con enérgica convicción la necesidad de moralizar la vida política, pensamiento que expuso con viril sinceridad en el discurso que pronunció en el Senado en 1906, al tratarse la ley de amnistía para los revolucionarios radicales del año anterior. "Sólo habrá ley de olvido –decía–, sólo habrá ley de paz, sólo habremos restablecido la unión de la familia argentina el día en que todos los argentinos tengamos iguales derechos; el día en que no se los coloque en la

Con la llaneza psicológica que lo caracterizaba, Pellegrini había sido para Roca un aliado insustituible de cuya personalidad, tan distinta a la suya, siempre se sirvió: la sociedad política de Roca y Pellegrini –un provinciano cabal y un típico porteño–, formada por una rara conjunción de cautelosa energía y de empuje temerario, constituyó la sólida barrera que protegería al oficialismo contra los apremios de los elementos insurgentes. El más favorecido de los dos fue, por supuesto, el compatricio de Alberdi, que utilizó la fuerza hercúlea de su socio para consolidar de nuevo la relación con los autonomistas porteños, para fortalecerse luego en el gobierno y favorecer por último su reincidente candidatura presidencial.

MARCELO SÁNCHEZ SORONDO
LA ARGENTINA POR DENTRO
(1987)

AMNISTÍA PARA VARIOS
CARICATURA DE *CARAS Y CARETAS*, 25-11-1905
–¡UNA AMNISTÍA CON PAPAS...!
¡PARA VARIOS...! ...MARCHE...!
–NO SE IMPACIENTE USTED: EN ESTOS FONDINES TARDAN MUCHO EN SERVIR; PERO EN CAMBIO LO QUE DAN VIENE BASTANTE MAL SAZONADO.

JIRAFA. CARICATURA DE *DON QUIJOTE*, LA FAUNA POLÍTICA.

dolorosa disyuntiva de renunciar a su calidad de ciudadanos o de apelar a las armas para reivindicar sus derechos despojados. Pronuncio estas palabras para llamar a los gobernantes al sentimiento de su deber, para decirles que no es con frases como vamos a curar los males, sino con voluntad, con energía, con actos prácticos, con algo que levante el espíritu, con algo que haga clarear el horizonte y que permita a los ciudadanos esperar en la efectividad de sus derechos, renunciando a las medidas violentas. No abandono los principios que siempre he profesado. Condeno y condenaré siempre los actos de violencia; pero será doloroso que llegue un día en que tenga que convencerme de que las invocaciones sinceras al patriotismo y al deber han sido estériles y que haya que abandonar a los hechos la suerte que el porvenir les depare." Su pronta muerte le impidió ver el triunfo de sus puntos de vista, y acaso la humillación de ver, con él, la caída del régimen al que había pertenecido; pero sin duda ejercieron sus palabras profunda influencia en el ánimo de Roque Sáenz Peña, artífice de la reforma que Pellegrini había defendido en sus últimos años.

EN LAS IDEAS POLÍTICAS EN ARGENTINA, (1946).

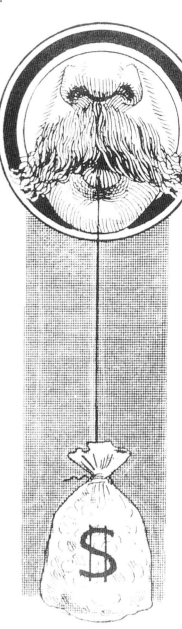

EL GRAN BIGOTE
CARAS Y CARETAS
12-8-1899,
SOBRE CARLOS PELLEGRINI.

LA ACTUALIDAD DE PELLEGRINI

**Emilio
J. Hardoy**

Lo más significativo de Pellegrini, me parece, es que él es un punto de entrecruzamiento del pasado y el porvenir, algo así como un nudo ferroviario al que llegan los carriles de la vieja política y del que parten los de la nueva. Él

Pellegrini tenía magníficas cualidades y defectos enormes: pero todos a flor de piel, sin disimulos ni hipocresías. Era una fuerza casi elemental por su acometividad, su capacidad de adhesión y de odio, por su sinceridad increíble y sus reacciones infantiles. Dirigido hacia el bien, hubiera podido ser un factor decisivo en la evolución del Régimen hacia formas más justas: en lo político, su papel hubiera sido semejante al de Joaquín V. González en lo social. Pero el Régimen, fosilizado en sus apetitos, era rebelde a toda evolución. Con su traza de Vercingetórix vernáculo y su vozarrón tonante, Pellegrini acosaba desde el Congreso al gobierno de Roca. Denunciaba sus corruptelas y voceaba su propia contrición.

FÉLIX LUNA
YRIGOYEN *(1954)*

Estos diputados de enfrente, que tan a menudo recuerdan al doctor Carlos Pellegrini, no los he visto todavía hacer al doctor Pellegrini la justicia histórica a la que ese hombre tiene legítimo derecho. La revolución del 90 fue vencida, pero todos respiramos al tener la seguridad de que si la revolución estaba vencida, el gobierno no salía de las manos en que se encontraba, porque ese gobierno era el único que tenía en el país un volumen, una difusión y una radicación suficiente para asegurarnos una situación estable. Si no hubiera sido la muñeca de Pellegrini y si no hubiera habido allí la colaboración del general Roca, este país habría caído inmediatamente en un caos, porque la fuerza revolucionaria del 90 no era una organización de ideas políticas y de principios más o menos homogéneos, sino que era una agrupación de circunstancias, un conglomerado de fuerzas políticas diferentes que acudían de todos los horizontes, que eran movidas por ambiciones, por propósitos y por rencores propios, y dentro de las cuales no habría sido posible unificar una gran acción de gobierno.

NICOLÁS REPETTO
(1930)

SI SI FO. *EL MOSQUITO*, 10-5-1891. NUEVA EMISIÓN. COMO EL SÍSIFO DE LA MITOLOGÍA, EL POBRE DON CARLOS ESTÁ CONDENADO A SUBIR A LA CIMA DE UNA ALTA MONTAÑA, UNA PEÑA ENORME QUE, UNA VEZ ARRIBA, RODA ESPONTÁNEAMENTE OTRA VEZ ABAJO.

alcanza y hasta interviene en la solución de cuestiones candentes del pasado como las de la organización nacional, la capital de la República, el enfrentamiento de porteños y provincianos, la conquista del desierto, la población del país, la difusión de la cultura, la expansión de la riqueza, la paz con Chile, el aniquilamiento de las montoneras y la barbarie, y al mismo tiempo participa en la consideración de ineludibles cuestiones del porvenir como la industrialización del país, la organización gremial, los problemas sociales, la estabilidad política y la pureza del sufragio, la transformación de la sociedad colonial, el acceso de nuevas clases sociales al poder. Entiende, como nadie, al país y su premonición de futuro se vio, tal vez, facilitada, por ser él mismo hijo de un extranjero.

Ahora que hay que afrontar otra crisis y emprender el aggiornamiento del país, su mensaje de 1891 mantiene una candente actualidad. Limpiar los escombros heredados, aceptar el hecho irremediable del empobrecimiento sufrido, decir la verdad al pueblo, enseñar que sólo con trabajo y esfuerzo puede alcanzarse la prosperidad, asumir el costo de la crisis y hacer efectivas las responsabilidades en lugar de procurar transferirlas a sectores menos favorecidos o a generaciones futuras y, por último, dar al país un presupuesto equilibrado y una moneda sana para poder iniciar la reconstrucción: he ahí el mensaje de Pellegrini que nos revela el secreto del estupendo enriquecimiento posterior del país que él preparó. A principios de siglo se inicia una etapa de creciente prosperidad y en el Centenario de la Revolución de Mayo la reserva en metálico representaba el 70 por ciento del circulante. En ese período entraron al país un millón y medio de inmigrantes, se tendieron miles de kilómetros de vías férreas y se multiplicó la riqueza pública y privada. La Argentina llegó a ser un gran país: era Pellegrini que triunfaba después de muerto.

EN ¿QUÉ SON LOS CONSERVADORES EN LA ARGENTINA?, (1983).

VARÓN. *EL GUERRILLERO*, BUENOS AIRES-MONTEVIDEO, 1-1-1906. LA OPINIÓN NO SE PERVIERTE, RAZONA Y CEDE AL MÁS FUERTE, POR ESO EN ESTA REFRIEGA A PELLEGRINI SE ENTREGA, DE UNA VEZ Y HASTA LA MUERTE.

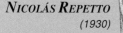

CAMPEÓN
DEL LIBRECAMBIO

Rodolfo Puiggrós

Más tarde, ya hombre de gobierno, Pellegrini olvidó sus ideas juveniles y llegó a ser el campeón del librecambio y las inversiones extranjeras. Estaba en el cenit de su influencia política, cuando el presidente Roca (1901) le encomendó que gestionara en Europa, por donde viajaba entonces, la unificación a largo plazo de la deuda pública argentina. Esa operación fue el mayor triunfo y la mayor derrota de la "gran muñeca". Triunfó al conseguir de la banca europea el acuerdo a la propuesta de Roca, pero sufrió un tremendo descalabro al desencadenar una violenta movilización popular en contra de la unificación de la deuda pública que significaba la entrega, lisa y llana, de las aduanas y las rentas a los capitalistas europeos. [...]

Ninguno de los prohombres de la oligarquía se pronunció tan categóricamente a favor de la libertad electoral –lo que equivalía a admitir el ascenso del radicalismo al gobierno– como Carlos Pellegrini en 1906. Ninguno tampoco vio tan lejos en el futuro, al punto de proponer la organización de sociedades mixtas de patrones y obreros con iguales riesgos y ganancias. El análisis de las relaciones entre la oligarquía gobernante y la Unión Cívica Radical desde los tiempos de Alem hasta 1916, indica que la primera siempre trató de remozarse con la colaboración de hombres extraídos de las filas radicales (tal fue el caso de Aristóbulo Del Valle, a quien el presidente Luis Sáenz Peña, por consejo de Pellegrini, encargó la formación de su gabinete en 1894); pero Pellegrini iba mucho más lejos al propiciar una igualdad de derechos y oportunidades políticas que abría al radicalismo el camino del poder.

MATE. *EL MOSQUITO*, 16-8-1891. HACER UN MATE SIN YERBA, ES ALGO DIFÍCIL, PERO HACERLO CHUPAR: «THAT IS THE QUESTION».

HISTORIA CRÍTICA DE LOS PARTIDOS POLÍTICOS EN LA ARGENTINA *(1956)*

—Apenas comenzaba a llamarse a sesión, yo ocupaba mi banca, y desde las antesalas llegaba el eco de las pisadas de Pellegrini...¡Pum, pum, pum!... Entraba y se sentaba. Yo lo miraba y, aunque fuéramos pocos todavía, me parecía que ya había quórum en el recinto. Llenaba la sala.
—¿Qué impresión le causaba su rostro? —le digo.
—De una gran energía. Pero no era de una energía mala, sino de una energía bondadosa. ¡Era un león manso!— exclama Palacios, poseído de una profunda y viva admiración por el ilustre parlamentario. Y no termina aquí la breve semblanza que su recuerdo me traza con fervor.
—Pellegrini fue quien primero habló del voto secreto en el Congreso, aconsejándolo como el medio más eficaz "para anular toda venalidad". Lo dijo en 1906, el año en que falleció, y seis años antes de que llegara convertido en ley por Sáenz Peña.

ENTREVISTA A
ALFREDO PALACIOS
EN RAMÓN COLUMBA,
EL CONGRESO QUE YO HE VISTO
(1948)

LA CRISIS BANCARIA CARICATURA DE *EL MOSQUITO* DONDE SE DENUNCIA LA RESPONSABILIDAD BRITÁNICA.

EL HOMBRE
EN SUS TEXTOS

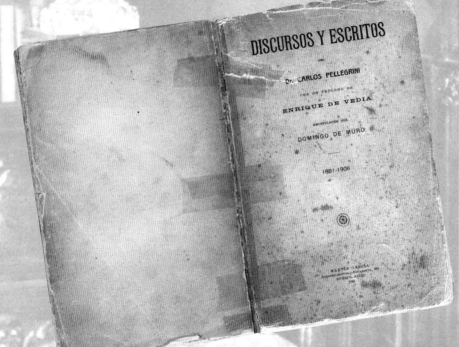

DISCURSOS Y ESCRITOS
DEL
Dr. CARLOS PELLEGRINI
CON UN PRÓLOGO DE
ENRIQUE DE VEDIA
RECOPILADOS POR
DOMINGO DE MURO
1881-1906

EL PENSAMIENTO DE PELLEGRINI SOBRE EL DERECHO ELECTORAL (PÁG. 88), SUS OPINIONES SOBRE LA IMPORTANCIA DEL MANTENIMIENTO DEL ORDEN POLÍTICO (PÁG. 91), SUS IDEAS ECONÓMICAS (PÁG. 92), SUS OPINIONES SOBRE LA AUSENCIA Y LA NECESIDAD DE UNA BURGUESÍA POLÍTICA EN LA ARGENTINA (PÁG. 95), ALGUNAS DE SUS CONSIDERACIONES SOBRE LA CUESTIÓN SOCIAL (PÁG. 96), LAS REFLEXIONES SUSCITADAS POR SU ÚLTIMO VIAJE A LOS ESTADOS UNIDOS (PÁG. 97), LAS TAREAS PARA EL QUINTO DÍA DE LA EVOLUCIÓN POLÍTICA ARGENTINA (PÁG. 99), SU ÚLTIMO DISCURSO PARLAMENTARIO (PÁG.100).

DERECHO ELECTORAL Y ORDEN POLÍTICO

El derecho electoral nace con el ciudadano, y le es inherente mientras conserve esta condición, pero su ejercicio puede y debe estar sujeto a reglamentación, más que cualquier otro, pues de él depende el bienestar común, tanto social como político, pues es el órgano por medio del cual la voluntad soberana del pueblo se convierte en Ley y rige los destinos del país.

Que la reglamentación de este derecho puede llegar hasta la limitación sin alterar o atacar el principio del sufragio universal, es indudable, con tal que la limitación sea simplemente en el ejercicio, sin desconocer el derecho, y que sea facultativo en el individuo el remover el obstáculo que lo limita.

***

Hemos considerado, como debimos hacerlo, el derecho inherente en él, y simplemente hemos mostrado la conveniencia de limitar su ejercicio. En consecuencia, para no atacar el principio admitido de la existencia del derecho, las cualidades requeridas para su ejercicio, deben, hasta donde sea posible, ser facultativas en el ciudadano, pues si no dependieran de su

voluntad, y sí de un hecho para él imposible, el derecho sería siempre iluso-
rio, pues jamás podría llegar a su ejercicio.

Stuart Mill, entre otros, ha pretendido tomar el impuesto pagado por el
individuo como un medio de fijar la capacidad electoral. Este sistema pre-
senta varios inconvenientes: 1º, sería preciso que todos los impuestos fueran
directos, para poder fijar lo que cada ciudadano cede para soportar las
cargas del Estado, cuyo cálculo es imposible mientras exista un impuesto
indirecto; 2º, el impuesto pagado por un individuo está en necesaria rela-
ción con su riqueza, y siendo ésta independiente de su voluntad, el ejerci-
cio de su derecho dependería de su mayor o menor fortuna, y no sería
facultativo ni se tendría en cuenta su verdadera capacidad. La razón adu-
cida por Stuart Mill, de que la facultad de tomar parte en la votación de los
impuestos por parte de aquellos que no los pagan, importa darles el derecho
de tomar dinero del bolsillo de sus vecinos para todo lo que les agrade
llamar un objeto público, y que a primera vista tiene cierto peso, lo pierde si
se reflexiona que siendo inmensa la mayoría de los ciudadanos que pagan
impuestos, sobre los muy raros (y si se toma en cuenta el impuesto indirecto
ninguno) que no los pagan, cualquiera que sea la base tomada para fijar
la capacidad electoral, siempre prevalecerá esa mayoría.

Por otra parte, es la clase más pobre de la población la que más necesi-
ta el amparo de la ley, pues el legislador no se ocupa sólo de votar impues-
tos, y a ella debe dársele una justa intervención en el nombramiento del
legislador, dándole así un elemento de defensa, pues la persona pudiente
los tiene de sobra en su propia fortuna.

Aceptando el principio democrático, tenemos que aceptarlo en todas
sus consecuencias, y el único motivo por el cual puede limitarse legítima-
mente el derecho electoral es la incapacidad, la cual no está en relación
con el impuesto. Los que pagan mayores impuestos es porque exigen de la
comunidad mayores sacrificios para la garantía de sus derechos; el mayor
impuesto pagado por el propietario sobre el pagado por el obrero, está com-
pensado con el mayor gasto que exigen del Estado para garantir el derecho
de propiedad del uno y del otro.

No pudiendo el ejercicio de este derecho ser limitado, sino a causa de
incapacidad, veamos cuáles serán las condiciones que induzcan a creer
que ella no existe.

No puede exigirse de la masa de las poblaciones, por más adelantadas
que estén en el orden intelectual, los conocimientos bastantes para ponerlas
en aptitud de llevar la iniciativa en la discusión de ideas o principios; pero sí
puede exigirse de ellas, los conocimientos elementales necesarios para poder
llegar a la comprensión del objeto e importancia de sus derechos, imponerse
de nuestro código fundamental, conocer nuestro modo de ser político y com-
prender el rol que son llamadas a desempeñar en una democracia.

Stuart Mill fija estos conocimientos elementales en la lectura, la escritura y la regla de tres. Dejando a un lado esta última condición, eminentemente inglesa, como la llama Laboulaye, creo que la lectura y la escritura son conocimientos bastantes para poner al individuo en condiciones de capacidad suficiente para acordarle el ejercicio del derecho electoral.

***

Creo que la cuestión de los derechos políticos de la mujer puede considerarse bajo dos faces: la faz política y la faz social.

Como razón política, se alega contra el ejercicio de ese derecho, su debilidad y su natural dependencia, que la convertiría en instrumento del hombre.

La debilidad moral e intelectual de la mujer no es debida a su naturaleza, es puramente resultado de su educación.

Poniendo ésta al nivel de la que recibe el hombre, desaparecería esa pretendida debilidad; los numerosos casos en que la mujer ha vencido esa barrera puesta por las preocupaciones sociales al desarrollo de su inteligencia, muestran que está dotada de las suficientes aptitudes para entrar a formar parte de la sociedad política y encargarse del ejercicio y de la defensa de sus derechos.

En cuanto al temor de ser influida y de servir de instrumento al hombre, creo que el peligro en todos los casos sería recíproco; y, a decir verdad, tratándose de esta clase de influencia, no es fácil decir quién será el dominado, si la mujer o el hombre.

Convengo en que de todas maneras, esa influencia es perjudicial, tratándose del ejercicio de un derecho que exige completa independencia. Pero si el peligro existe y contribuyen a su existencia tanto el hombre como la mujer, ¿con qué razón, para evitarlo, se han de atacar solamente los derechos de la mujer?

La única razón que hasta hoy ha existido, es que habiendo el hombre usurpado el gobierno de las sociedades, ha alejado a la mujer, más por temor que por compasión.

Hoy que la civilización ha colocado a la mujer, en cuanto a posición social, al nivel del hombre, dándole el lugar a que es acreedora por las dotes con que la adornó la naturaleza, no hay razón para no concederle el ejercicio de sus derechos políticos, desconocidos por preocupaciones que, hijas de la barbarie de otras edades, no tienen razón de ser en este siglo que ha puesto en práctica la declaración de los derechos del hombre.

Podrá alegarse su debilidad física para cumplir las cargas de la ciudadanía, y encarando la cuestión bajo el punto de vista de las conveniencias sociales, se dirá tal vez que hay peligro en arrancar a la mujer de la esfera en que la costumbre, tal vez la necesidad, la han colocado, para hacerla aparecer como actriz en una escena de agitación continua, colocándola bajo la influencia de pasiones cuyo funesto efecto en el seno de las familias tal vez tuviera que deplorar la sociedad.

Las grandes reformas introducidas en el modo de ser de las sociedades, tienen que ser paulatinas, so pena de producir un choque violento con las costumbres arraigadas, en el cual no siempre suele ser vencida la rutina.

El trabajo de muchos siglos, los esfuerzos de hombres eminentes, prepararon a las sociedades, para oir la declaración de los derechos del hombre, que a pesar de esto, tuvieron que ser proclamados en medio del estrépito de la más sangrienta de las revoluciones.

TESIS DOCTORAL *(1869)*

LA PREOCUPACIÓN
POR EL ORDEN

La obra de nuestra regeneración es obra de largo aliento y paciente labor, y es necesario que hombres y partidos políticos se convenzan de que lo que nuestro país, puedo decir nuestra América necesita, no son Grandes Americanos, ni Libertadores, ni Restauradores más o menos ilustres, que invocando leyes, libertades y principios, empiezan por incitar a la anarquía y la violencia y acaban, cuando triunfan, por suprimir todo gobierno regular y reemplazarlo por su imperio personal y despótico; sino ciudadanos constantes en el ejercicio pacífico de los derechos políticos, que proclamen como principio fundamental, acreditado por la experiencia de 80 años, que la violencia es estéril y ruinosa, y que la reforma de nuestros malos hábitos sólo se ha de conseguir por la prédica y el ejemplo, dentro y fuera del poder.

EN MENSAJE PRESIDENCIAL
(1892)

Puedo entrar de lleno en esa aspiración, pues soy enemigo radical de los motines y de los pronunciamientos a que nuestra América da el nombre pomposo de revoluciones, los condeno y los rechazo en todos los casos, sostengo que no hay situación política tan mala que la anarquía no sea peor, y que jamás la revolución podrá traernos una mejoría ni un alivio, y que seguramente nos traerá miseria y retroceso.

***

Es necesario, para garantizar a nuestro país contra estos sacudimientos histéricos, que lo desacreditan, que todos nos convenzamos de que la adaptación completa de un pueblo a nuestro sistema institucional, es obra de larguísimo aliento y de inagotable paciencia.

Para que el espíritu de esas instituciones se haga carne y hueso en cada ciudadano, es necesaria la obra lenta del tiempo, que modela el cerebro humano y da como resultado final, en política como en religión, que el suizo nazca republicano, el ruso monárquico, el árabe mahometano y el español católico. Nuestras asonadas, que para salvar las instituciones cambian las autoridades con un golpe de lanza o de arma más moderna, están revelando en sus mismos procederes un atavismo indio que aún ejerce en nuestra América su funesto influjo.

Discurso como candidato a gobernador
de la provincia de Buenos Aires *(1894)*

Nuestra historia política de los últimos quince años, es, con ligeras variantes, la de los quince años anteriores; casi puede decirse, la historia política sudamericana; círculos que dominan y círculos que se rebelan; opresiones y revoluciones, abusos y anarquía. Pasan los años, cambian los actores, pero el drama o la tragedia es siempre la misma; nada se corrige y nada se olvida, y las bonanzas halagadoras, como las conmociones destructoras, se suceden a intervalos regulares cual si obedecieran a leyes naturales.

Vivimos girando en un círculo funesto de recriminaciones recíprocas y de males comunes. Los unos proclaman que, mientras haya Gobiernos personales y opresores, ha de haber revoluciones; y los otros contestan que mientras haya revoluciones, han de existir Gobiernos de fuerza y de represión. Todos están en la verdad, o, más bien, todos están en error.

Discurso al Partido Autonomista *(1906)*

LAS IDEAS ECONÓMICAS

No voy a promover la tan detallada cuestión entre los proteccionistas y libre cambistas, ni voy a recordar los antecedentes de la discusión, ni los resultados que en otros países ha tenido, porque debo declarar que no admito como argumento ni como autoridad, los hechos producidos en otras partes, ni la opinión de aquellos que estudiaban elementos y situaciones distintas a la nuestra.

Creo que la resolución de estos problemas económicos depende de las condiciones especiales de cada localidad, y que la aplicación ciega de las teorías de un país a otro puede producir resultados diametralmente opuestos.

Es un hecho que en nuestra situación económica, nuestro país, como industria, como población y como riqueza, se halla en condiciones completamente distintas, diametralmente opuestas a las en que se encuentran otras naciones que han hallado en el libre cambio el secreto de su prosperidad, y es evidente que en condiciones tan opuestas, la resolución del problema no puede ser exactamente igual.

***

El libre cambio es la última aspiración de la industria que sólo puede hallar en ella su pleno desarrollo, como la planta busca el aire libre para adquirir elevada talla y frondosa copa. Pero de que la planta necesite el aire libre para alcanzar su mayor crecimiento, no se deduce que no debamos abrigarla al nacer, porque lo que es un elemento de vida para el árbol crecido, puede ser elemento de muerte para la planta que nace.

Si el libre cambio desarrolla la industria que ha adquirido cierto vigor, y le permite alcanzar todo el esplendor posible, el libre cambio mata la industria naciente.

DISCURSO EN LA CÁMARA DE DIPUTADOS
DE LA NACIÓN (1875)

Ni en la República Argentina, ni en ninguna otra nación, la ley de aduana es una ley exclusivamente de renta. Es una ley esencialmente económica, que afecta los intereses económicos más grandes de cada país, y es al mismo tiempo una fuente de renta. Pero la idea de la renta, salvo excepciones muy notorias, no es sino una de sus consideraciones secundarias.

***

Hay quien dice, señor Presidente, contemplando el espectáculo que hoy mismo nos ofrece la República Argentina, que bastan las dos grandes industrias, la ganadería y la agricultura, para sostener nuestro rango entre las naciones y asegurar nuestra grandeza y nuestro poder.

Los que tales opinan, sólo ven el presente y descuidan el porvenir. Es cierto que la ganadería y la agricultura son dos muy grandes industrias; pero es cierto también que son la manifestación primera del trabajo y de la industria de los pueblos. Un gran ministro francés, al llamarlas el siglo pasado los dos senos de la Francia, dijo una gran verdad entonces; pero, también era y es una verdad, señor Presidente, que los senos de la madre sirven para nutrir y alimentar a la infancia; pero no hay seno, por fecundo que sea, que pueda sostener al hombre adulto en todo su vigor y sus fuerzas.

La agricultura y la ganadería son dos grandes industrias fundamentales; pero ninguna nación de la tierra ha alcanzado la cumbre de su desarrollo económico con sólo estas dos industrias. Las industrias que las ha llevado al máximum de poder es la industria fabril, y la industria fabril es la primera en mérito y la última que se alcanza, porque ella es la más alta expresión del progreso industrial.

***

No se debe considerar, pues, al habitante de la República como entidad económica; bajo el punto de vista en que es más perjudicial a la sociedad, es decir, un consumidor que no produce, o que consume más de lo que produce. Por consiguiente, cuando se estudia al habitante de una nación como elemento económico, hay que considerarlo como elemento productor y no consumidor.

Las leyes económicas deben, pues, encarnar la cuestión en su faz productora y protegerla, ayudarla en tal sentido, en la seguridad de que cuan-

93

to más se produzca, tanto más consumirá; –no pudiendo hacerse, porque no sería exacta, la proposición inversa.

***

Las industrias, señor Presidente, no pueden clasificarse de naturales ni artificiales: son industrias que están todas en las mismas condiciones y que florecen unas en una parte y otras en otra por condiciones variadísimas, según las exigencias y necesidades de cada industria.

En la República Argentina es muy caro el capital y es muy cara la mano de obra, por ejemplo, mientras que hay otras naciones en que una y otra cosa son más baratas.

En la República Argentina hay facilidades de otro orden, que no se encuentran en otros países.

Una industria cualquiera que requiriera mucha mano de obra, sería una industria muy difícil de arraigar en la República Argentina, porque desde el principio tendría que luchar contra esta condición especial nuestra, que es falta de la mano de obra.

***

Es esa mi aspiración, es esa la aspiración de todos los proteccionistas, no para vivir en la protección, no para tener la protección como un fin, sino como un medio; queremos protección para llegar al libre cambio.

Si somos proteccionistas hoy, es para poder mañana abrir nuestra aduana y decir: "Los productos argentinos no temen la competencia de las fábricas del mundo, en todo aquello que llegue a constituir nuestra especialidad industrial".

DISCURSO EN LA CÁMARA
DE SENADORES DE LA NACIÓN (1899)

El señor ministro ha compendiado el sistema económico de la administración del 90 al 92 en cuatro palabras: la política económica de esa administración se reducía a emitir, contraer empréstitos de moratoria y emplear otros recursos del mismo género.

Señor Presidente: cuando el señor Ministro repite el cargo que se me ha hecho muchas veces, de que soy emisionista incorregible, me autoriza para decirle que no se ha dado exactamente cuenta de la situación en aquella época y de las causas que crearon la necesidad de una emisión, y me pone en el caso de explicar cómo pude hacer emisiones sin ser emisionista en principio.

***

Tuvimos razón de ser emisionistas. Pero si he sido emisionista en este caso, probaré también que cuando ha sido necesario, he sabido resistir a la corriente que pedía más emisiones.

***

En favor de la emisión estaba la enorme masa de intereses vinculados a los bancos, y sin embargo, del estudio detenido hecho en los consejos de gobierno, salió la resolución de negar esa emisión y cargar con la responsabilidad de la clausura de los bancos, que fue resuelto por decreto del 5 de abril de 1890.

¿Puede llamarse emisionista a la administración que carga con tal responsabilidad antes que decretar una nueva emisión?

Discurso en la Cámara de Senadores de la Nación (1896)

EL MAL
DE NUESTRA TIERRA

Usted, que es amigo de estudiar ciertas situaciones y de hacer un poco de filosofía política, tiene un caso muy interesante en estos momentos y que debe llamarle la atención, pues es la prueba material de lo que le digo más arriba. Me escriben de allá que la candidatura de Rivas vuelve a presentarse y que si yo no regreso o hago algo para evitarla desde aquí, triunfará y lo tendremos de gobernador de Buenos Aires.

El aviso no me sorprende y el hecho no me parece imposible.

Pues bien, el clamor que ha existido siempre es y ha sido contra los gobiernos *electores u opresores*. Eran ellos los que mataban el espíritu público, sofocaban la opinión e impedían toda iniciativa popular y libre. Sucede ahora que en Buenos Aires, hace ocho años no hay tal gobierno elector; por consiguiente, no hay quien mate el espíritu público, sofoque la opinión e impida toda iniciativa popular y libre. Por el contrario, hay una legislación que entrega a los partidos y a las autoridades de comuna todo el mecanismo electoral.

Hace ocho años que son los partidos políticos o sus hombres dirigentes – "wire pullers"– los que dirigen el movimiento electoral. Y bien, ¿cuál ha sido el resultado? La candidatura de Rivas y este resultado es lógico y natural.

Rivas gobernador sería la expresión verdadera de la mayoría de los electores de la Provincia; y la única manera de evitar que llegue al gobierno será, o una intervención oficial, o una intervención resuelta de influencias superiores; a menos que él, cediendo a consejos que siempre ha escuchado, tenga un momento de inspiración y renuncie a un honor que puede aplastarlo.

Lo que hay que estudiar es porqué la falta de un gobierno elector ha producido esta situación. Sencillamente porque falta entre nosotros la burguesía política, *la verdadera* opinión pública *inteligente o consciente*. La masa electoral es compuesta sola de las clases inferiores dirigidas por caudillos sacados de sus filas.

Si una voluntad superior o la autoridad no se impone a éstos y los obliga a proceder, si se les deja libertad, entonces lógicamente elegirán a aquél que mejor se adapte a sus modos y aspiraciones, y el resultado, cualquiera que sea, será legítimo y legal. Rivas no sería, pues, una imposición, sino el elegido de la mayoría rural.

Ante este resultado, hay muchos en la Provincia y fuera de ella que quieren modificar la constitución y el gobierno municipal, reaccionando contra todos los principios liberales y de gobierno democrático con que nos despecharon. Quieren volver a la centralización anterior, en una palabra, quieren volver al gobierno elector; *y los que más reclaman esta reforma son justamente los de la burguesía* rica e ilustrada *cuya completa inacción e impotencia es la causa de este fracaso de los principios liberales.*

Verdad que toda esa clase no se mezcla en política, porque no vive del presupuesto, *y cuando ha dicho esta gran necedad se repantiga satisfecha y se encuentra disculpada. Olvida que si ellos no viven del presupuesto -el presupuesto vive de ellos- y cuando éste les coma hasta el hueso, no tendrán derecho para quejarse.*

CARTA A ESTANISLAO ZEBALLOS *(1900)*

LA CUESTIÓN SOCIAL

Lo que pasa hoy en la República Argentina no es una novedad; por el contrario, y aunque esto parezca una enormidad, es una prueba de progreso. A medida que este país crezca, que aumenten todas sus esferas de actividad, su población, sus industrias, su riqueza, verá suscitarse en su seno todas las cuestiones que agitan otras sociedades más adelantadas.

Las huelgas y todas sus consecuencias sólo pueden no existir allí donde no exista una gran población industrial, un gran movimiento de capital y trabajo, que provoque las profundas divergencias que hoy buscan conmover y modificar los fundamentos mismos del orden social y económico en el mundo.

***

Una vez armado el Poder Ejecutivo de este medio poderoso dado por la Constitución y que le permite obrar eficazmente, ¿cuál es su misión ante la huelga? Su misión tiene que ser, ejercitar primero su autoridad para restablecer el orden, para que cese esa amenaza, para que vuelvan todos al respeto del derecho ajeno, para que pueda procederse imparcial y justicieramente sin presión de ninguna clase, a hacer justicia donde ella sea requerida, sin prevenciones ni predilecciones; porque si bien es más simpático y lo será siempre la causa del trabajador, del obrero, porque es el más débil, y hacia él nos hemos de sentir inclinados, no podemos olvidar que el capital tiene sus derechos que la ley consagra y que hay el deber de respetar.

Discurso en la Cámara
de Senadores de la Nación *(1902)*

Examinando pacientemente todos los remedios o panaceas que se han propuesto para solucionar esta gran cuestión, y la ineficacia de todos en la práctica, llegué a la conclusión que había algo fundamental que hacía imposible la solución buscada, y creo poder establecer que ese hecho fundamental es la existencia misma del salario.

* * *

Para que el antagonismo entre el capital y el trabajo cese, es necesario colocarlos en idénticas condiciones, en iguales categorías y organizados bajo las mismas bases.

Si el capital es necesario para suministrar los elementos de la producción, el trabajo es indispensable para realizarla, y la bondad y el crédito del objeto producido depende mucho más de la habilidad del obrero que de la acción del capital. Siendo esto así, es evidentemente justo que tanto el capital como el trabajo tengan en el objeto fabricado una parte proporcional al esfuerzo con que cada uno de ellos ha contribuido a producirlo. Si se consigue establecer de antemano cuál es esta parte proporcional que debe corresponder al capital y la que debe corresponder al trabajo en el valor del artículo producido, todo conflicto desaparecerá, puesto que una vez realizado el producto, el capital tomará su parte y el trabajo la suya. El capital y el trabajo serán así socios y desaparecerá la relación actual de amo y sirviente. Ya no habrá salario, porque el trabajo recibirá su parte en forma de dividendo, exactamente lo mismo que el capital.

Organización del trabajo *(1905)*

LAS REFLEXIONES SOBRE SU EXPERIENCIA NORTEAMERICANA

De esos hombres, nacidos en suelo extraño, hay que recordarlo como lección para nosotros, un 80% son ciudadanos americanos naturalizados, cuyo sentimiento nacional en nada le cede al de los nativos. Son sus votos los que acaban de dar el triunfo al programa imperialista del partido republicano.

Enretanto, ¿cuándo cruzó por la mente de esos millares de alemanes, ingleses, franceses, italianos o españoles, arraigados hace años en nuestro

97

país, donde han formado fortuna, hogar y familia argentina, vincularse definitivamente a nosotros y hacerse ciudadanos argentinos? ¡Nunca! Algo más. Si alguien se resolviera a cumplir con ese deber para con su nueva patria, incurriría en la reprobación y menosprecio de sus compatriotas.

Es un hecho humillante para nosotros, y, sin embargo, no tenemos tal vez derecho de reprocharles su ingratitud y su egoísmo; porque, al fin, ¿qué ganarían con hacerse ciudadanos argentinos? ¿Derechos civiles? Los gozan todos. ¿Garantías? Las tienen mayores como extranjeros, porque, en caso de tropelía, tienen un recurso por ante sus legaciones. ¿Derechos políticos? Pero, ¿qué aliciente puede ofrecerles, ni qué esperanza pueden tener de ejercerlos útilmente en un país donde no existe, en la práctica, el sufragio libre, y donde los mismos nativos no votan, porque no se les permite votar o porque su voto no es respetado? Entretanto, un país de inmigración, donde el inmigrante se conserva extranjero, es un país que tiene que ser debilitado en su sentimiento nacional, que es lo que da vigor y nervio a un gran pueblo.

*SEGUNDA CARTA
DESDE LOS ESTADOS UNIDOS (1904)*

Pero, admitiendo que esta lucha de clases tuviera su explicación en la vieja Europa, donde han existido durante siglos clases privilegiadas y clases desheredadas, opresores y oprimidos, es simplemente absurdo y anacrónico quererla importar a América, país de igualdad y de inmigración, donde no hay, ni ha habido, ni puede haber clases privilegiadas, donde casi todos han empezado por ser proletarios, donde sus millonarios de hoy fueron simples obreros ayer; hecho palpable y visible que se traduce en poderoso estímulo, en esa indomable energía con que todo trabajador americano busca abrirse camino y alcanzar la fortuna y el bienestar; energía que encierra el secreto de su progreso. Esto es igualmente cierto entre nosotros: una lucha de clases en la Argentina es un absurdo, pues el proletario de hoy puede ser un gran señor mañana o viceversa, según lo quiera o lo pueda por sus méritos o su buena o mala fortuna. ¿Acaso casi todos los grandes industriales argentinos no han principiado por ser simples obreros? ¿Qué diferencia de clases hay entre ellos y sus empleados? Ninguna; sólo puede haber una discusión de intereses, natural entre dos contratantes. Los yanquis no dan oído a esas teorías, huyen de los demagogos y exaltados, y sólo admiten al frente de sus corporaciones a obreros como ellos, que han mostrado mayor inteligencia e ilustración y mayor capacidad para dirigirlos.

*TERCERA CARTA
DE LOS ESTADOS UNIDOS (1904)*

Se ha acusado a esa ley de haber despertado la venalidad política. El cargo es cierto, pero eso sólo indica la reforma que hay que decretar, y afirma la bondad misma de la ley. Si se han vendido votos, es porque ha habido libertad electoral; porque no hay voto más evidentemente libre que el voto que se vende. No se compran ni venden votos donde no hay voto libre, y si no, vaya alguien a comprar votos en la provincia de Buenos Aires.

La venalidad es un vicio de la libertad y ha existido en todos los pueblos libres. Es sabido que en Inglaterra la corrupción electoral llegó a tal extremo que una elección, al Parlamento, costaba una fortuna, y los candidatos se arruinaban en la lucha.

***

En el proyecto sancionado por la Cámara de Diputados, venía el voto secreto, que yo hice suprimir en el Senado; porque ese voto exige gran honestidad por parte de los escrutadores, y temía al fraude encarnado en nuestros hábitos. Me apercibo hoy de mi error, pues el fraude puede corregirse por otros medios.

SEXTA CARTA
DE LOS ESTADOS UNIDOS (1905)

LOS CINCO DÍAS

Pero las continuas luchas habían introducido prácticas y hábitos funestos, una tendencia a dirimir todas las divergencias por el empleo de la fuerza, a buscar en la lucha armada y en la anarquía la solución de problemas que nunca podrán ser resueltos por la violencia; y la tarea del cuarto día fue acabar con la anarquía crónica, condenar los movimientos revolucionarios, hacer sentir y comprender al pueblo que podían ser justas sus protestas, que podían ser verdaderos todos sus agravios, pero que la violencia y la anarquía jamás serían un remedio, y que la única manera de reformar esos hábitos era emprender con paciencia, con verdad y constancia, la educación del pueblo, hasta inculcar en sus hábitos la práctica de nuestras instituciones, y esa tarea ha sido, en parte, llenada, porque el sentimiento y la necesidad de la paz dominan hoy en todos los espíritus y la anarquía es condenada en todas sus formas.

Pero, concluida esta tarea, aparece la del quinto día, que es el día en que vivimos. Tenemos una Nación independiente, libre, orgánica, y vivimos en paz; pero nos falta algo esencial: ignoramos las prácticas y los hábitos de un pueblo libre y nuestras instituciones escritas son sólo una promesa o una esperanza.

En efecto, ¿cuál es nuestra situación política en este momento?

El artículo 10 de la Constitución dice que la República adopta la forma de Gobierno representativa, republicana, federal; y la verdad real y positiva es que nuestro régimen, en el hecho, no es representativo, ni es republicano, ni es federal.

No es representativo, porque las prácticas viciosas que han ido aumentando día a día, han llevado a los gobernantes a constituirse en los grandes electores, a sustituir al pueblo en sus derechos políticos y electorales, y este régimen se ha generalizado de tal manera, ha penetrado ya de tal modo en nuestros hábitos, que ni siquiera nos extraña, ni nos sorprende; hoy, si alguien pretende el honor de representar a sus conciudadanos, es inútil que se empeñe en conquistar méritos y títulos; lo único que necesita es conquistar la protección o buena voluntad del mandatario.

No es republicano, porque los cuerpos legislativos formados bajo este régimen personal, no tienen la independencia que el sistema republicano exige; son simples instrumentos manejados por sus mismos creadores.

No es federal, porque presenciamos a diario cómo la autonomía de las provincias ha quedado suprimida; ¿acaso necesito recordar a esta Cámara un ejemplo clásico que todos hemos presenciado en esta Capital hace apenas unos meses?

DISCURSO ANTE LA CÁMARA
DE DIPUTADOS (9 DE MARZO DE 1906)

EL ÚLTIMO DISCURSO PARLAMENTARIO

El Presidente Sáenz Peña aceptó mi consejo, y mi amigo personal y adversario político, el doctor Del Valle, fue llamado al ministerio de la Guerra.

Tuvimos una larga discusión en que, desgraciadamente, resaltó la completa divergencia de nuestras ideas. Yo era partidario, como lo he sido siempre, de la evolución pacífica, que requiere como primera condición la paz; él no lo creía: era un radical revolucionario. Creía que debíamos terminar la tarea de la organización nacional por los mismos medios que habíamos empleado al comenzarla.

Me alejé de esta Capital a las provincias del Norte, y le dejé en la tarea. Desgraciadamente, se produjo lo que había previsto. La dificultad que tiene la teoría revolucionaria es que es muy fácil iniciarla y muy difícil fijarle un límite. Recordé, entonces, como ejemplo, que, queriendo el emperador Nerón sanear uno de los barrios antihigiénicos de Roma, resolvió quemarlo, y dio fuego a la ciudad; pero, como no estaba en su mano detener las llamas, ellas avanzaron, y no sólo quemaron los tugurios, sino que llegaron también a los palacios y a los templos.

Efectivamente, señor Presidente; a pesar de todo el sincero patriotismo, de toda la inteligencia del primer Ministro en aquella época, llegó un momento en que la anarquía amenazaba conflagrar a toda la Repúbli-

ca. No necesito continuar: vinieron los cambios y los sucesos que todos conocemos.

***

Y bien, señor Presidente: han pasado trece años; hemos seguido buscando en la paz, en el convencimiento, en la prédica de las buenas doctrinas, llegar a la verdad institucional; y si hoy día se me presentara en este recinto la sombra de Del Valle, y me preguntara: —¿Y cómo nos hallamos?— ¡tendría que confesar que han fracasado lamentablemente mis teorías evolutivas y que nos encontramos hoy peor que nunca!

Y bien, señor Presidente: si ésta es la situación de la República, ¿Cómo podemos esperar que por esta simple ley de olvido vamos a evitar que se reproduzcan aquellos hechos? Si dejamos la semilla en suelo fértil, ¿acaso no es seguro que mañana con los primeros calores, ha de brotar una nueva planta y hemos de ver repetidos todos los hechos que nos avergüenzan ante las grandes Naciones civilizadas? ¿No nos dice esta ley de amnistía, no nos dice esta exigencia pública, que viene de todos los extremos de la República, esta exigencia de perdón que brotó al día siguiente del motín, que hay en el fondo de la conciencia nacional algo que dice: esos hombres no son criminales; esos hombres podrán haber equivocado el rumbo, pero obedecían á un móvil patriótico? Ha habido militares que han sido condenados, que han ido a presidio, que han vestido la ropa del presidiario, y cuando han vuelto nadie les ha negado la mano, ¿por qué?, Porque todos sabemos la verdad que hay en el dicho del poeta: «es el crimen, no el cadalso, el que infama».

Bien, señor Presidente; sólo habrá ley de olvido, sólo habrá ley de paz, sólo habremos restablecido la unión en la familia argentina, el día que todos los argentinos tengamos iguales derechos, el día que no se les coloque en la dolorosa alternativa, o de renunciar a su calidad de ciudadanos, o de apelar a las armas para reinvindicar sus derechos despojados.

Y no quiero verter esta opinión sin volver a repetir, para que todos y cada uno carguemos con la responsabilidad de lo que está por venir: no sólo no hay olvido, no sólo todas las causas están de pie, sino que la revolución está germinando ya. En los momentos de gran prosperidad nacional, los intereses conservadores adquieren un dominio y un poder inmenso, y entonces son imposibles todas estas reivindicaciones populares; pero, ¡ay del día, que fatalmente tiene que llegar, en que esta prosperidad cese, en que este bienestar general desaparezca, en que se haga más sombría la situación nacional! ¡Entonces vamos a ver germinar toda esta semilla que estamos depositando ahora, y quiera el Cielo, señor Presidente, que no festejemos el centenario de nuestra revolución con unos de los más grandes escándalos que pueda dar la República Argentina!

DISCURSO EN LA CÁMARA
DE DIPUTADOS DE LA NACIÓN (1906)

CARLOS PELLEGRINI

1846/1866
Infancia y juventud

El 11 de octubre de 1846 nace en Buenos Aires Carlos Pellegrini. Su padre, Carlos E. Pellegrini era un ingeniero saboyano, pintor y fundador de la *Revista del Plata*. Fue el retratista más afamado de Buenos Aires y poseía una de las mejores bibliotecas privadas de la ciudad. Mantenía relaciones cotidianas con importantes figuras de la política nacional. Su madre, María Bevans, era hija de un ingeniero hidráulico inglés y estaba emparentada por vía materna con el importante político inglés John Bright.

Entre 1851 y 1863 realiza sus primeros aprendizajes en Cañuelas bajo la tutela de sus padres y, posteriormente, de su tía Ana Bevans. Estudia luego en el Colegio Nacional de Buenos Aires.
En noviembre de 1863 presenta una *Disertación sobre Instrucción Pública, principalmente con respecto a las necesidades en la República Argentina*, requisito para el ingreso a la Facultad de Derecho de la Universidad de Buenos Aires. Se incorpora al Partido Autonomista de Adolfo Alsina.
En 1864 es nombrado escribiente en la Dirección del Puerto, con un sueldo mensual de 40 pesos fuertes, y en 1865 se alista como voluntario en el ejército para combatir en la guerra del Paraguay. Participa en la batalla de Tuyutí en 1866: su bautismo de fuego. Se enferma y retorna a Buenos Aires.

1867/1876
Entrada en la política

En 1867 retoma sus estudios universitarios. Es nombrado oficial primero en el Ministerio de Hacienda y el año siguiente es ascendido a subsecretario de Hacienda. En 1869 termina sus estudios con una tesis doctoral sobre *El derecho electoral* y se incorpora como redactor –junto con José Terry y Delfín Gallo– al diario *La Prensa*. En 1870 presenta su candidatura a diputado provincial y es derrotado.
Vuelve a presentarse a elecciones y en 1871 es nuevamente derrotado. El 25 de diciembre contrae matrimonio en la Iglesia de Nuestra Señora del Socorro con Carolina Lagos García, hermana de uno de sus amigos.
En su tercer intento (1872), es elegido diputado de la Legislatura de Buenos Aires. Obtiene 1802 sufragios. Deja el cargo de subsecretario de Hacienda.
Pellegrini asciende rápidamente en su

carrera política: en mayo de 1873 se incorpora a la Cámara de Diputados de la Nación.
Participa en la defensa del gobierno de Avellaneda frente al levantamiento mitrista de 1874.
Al año siguiente muere su padre. Participa activamente en los debates sobre política aduanera. Participa en la creación del Hipódromo Argentino.
Emprende su primer viaje a Europa, junto con su esposa, en 1876.

1877/1880
Ministro de guerra

Cuando regresa de Europa apoya la política de Conciliación de Nicolás Avellaneda, con lo cual se aleja de los autonomistas ortodoxos.
En febrero de 1878 el gobernador Carlos Casares lo nombra ministro de

Gobierno de la provincia de Buenos Aires. Es reelegido diputado nacional.
Reemplaza al general Roca (1879) como ministro de Guerra y Marina. Con Dardo Rocha es uno de los más importantes apoyos bonaerenses del presidente Avellaneda. Preside el Club del Progreso. Es uno de los fundadores del Partido Autonomista Nacional (1880), y apoya la candidatura presidencial de Julio A. Roca. Como ministro desempeña un papel importante en la represión del levantamiento militar del gobernador Tejedor. Apoya la candidatura de Dardo Rocha a la gobernación de Buenos Aires.

ARGENTINA	EL MUNDO
1846 Esteban Echeverría: *Dogma socialista*. 1848 Se levanta el bloqueo francés de Buenos Aires. 1851 Urquiza se pronuncia contra Rosas y concierta un acuerdo con Montevideo y Brasil. 1852 El 3 de febrero, el Ejército Grande derrota a Rosas. El 31 de mayo se firma el acuerdo de San Nicolás; días después la legislatura de Buenos Aires lo rechaza. 1853 Se sanciona la Constitución de la Confederación Argentina. 1859 Las fuerzas porteñas son derrotadas en Cepeda. 1860 En marzo, Derqui es elegido presidente de la Confederación. 1861 Las fuerzas de Buenos Aires triunfan en Pavón. 1862 Mitre llega a la Presidencia. 1865 Comienza la guerra de la Triple Alianza.	1846 Muere el papa Gregorio XVI. Lo sucede Pío IX. 1848 Revoluciones liberales y nacionalistas en Europa. Carlos Marx y Federico Engels: *Manifiesto comunista*. 1852 Francia: Luis Napoleón emperador. 1857 India: rebelión de los cipayos contra el dominio británico. 1859 Charles Darwin: *El origen de las especies*. 1861 Comienza la Guerra de Secesión en los Estados Unidos. 1864 Se funda en Londres la Primera Internacional. 1865 Termina la Guerra de Secesión. Lewis Carroll: *Alicia en el país de las maravillas*.
1868 Sarmiento es elegido presidente. 1869 Se realiza el primer censo nacional. 1870 Termina la guerra de la Triple Alianza. Asesinato de Urquiza. Lucio V. Mansilla: *Una excursión a los indios ranqueles*. Bartolomé Mitre funda *La Nación*. 1872 José Hernández: *El gaucho Martín Fierro*. 1874 Avellaneda es elegido presidente. Rebelión mitrista, derrotada en La Verde. Adolfo Alsina es nombrado ministro de Guerra. Julio A. Roca es ascendido a general. 1875 Carlos Casares es elegido gobernador de Buenos Aires: se consolida el predominio de Alsina. 1876 El ferrocarril del Sur llega a Azul.	1867 Reforma electoral en Inglaterra. México: fusilamiento de Maximiliano. 1869 León Tolstoi: *La guerra y la paz*. 1870 Guerra franco-prusiana. Concluye el Concilio Vaticano I, que establece el dogma de la infalibilidad del papa. 1871 Comuna de París. Tercera República Francesa. 1872 Se establece la Oficina Internacional de Pesas y Medidas. Julio Verne: *La vuelta al mundo en ochenta días*. 1875 Alemania: los socialistas se unifican en el Congreso de Gotha. 1876 La reina Victoria es proclamada emperatriz de la India. Porfirio Díaz presidente de México. Mark Twain: *Tom Sawyer*. Graham Bell inventa el teléfono.
1877 Avellaneda proclama la política de conciliación con el mitrismo. Muere Adolfo Alsina. Es reemplazado en el Ministerio de Guerra por Roca. 1878 Carlos Tejedor es elegido gobernador de Buenos Aires. 1879 Roca inicia la campaña al desierto. José Hernández: *La vuelta de Martín Fierro*. 1880 Los colegios electorales votan la fórmula Roca-Madero. La rebelión encabezada por Tejedor es derrotada. El Congreso dispone la federalización de Buenos Aires.	1877 Conflicto en los Balcanes. Tomás Edison desarrolla el fonógrafo. 1878 Conferencia europea para resolver la crisis de los Balcanes. Luis Pasteur: *La teoría de los gérmenes y sus aplicaciones en la medicina y la cirugía*. 1879 Se inicia la guerra del Pacífico, entre Chile, Perú y Bolivia. Fedor Dostoievski: *Los hermanos Karamazov*. 1880 Augusto Rodin: *El pensador*.

1846/1866

1867/1876

1877/1880

CARLOS PELLEGRINI

1881/1886

El ascenso del autonomismo nacional

Senador Nacional por la provincia de Buenos Aires en 1881, funda en el año siguiente el Jockey Club y es su primer presidente. Defiende en el Senado la necesidad de construir el puerto de Buenos Aires.
En 1883 viaja a Europa y a los Estados Unidos.
Junto con P. Groussac, R. Sáenz Peña, D. Gallo y L. V. López inicia en 1884 la publicación del influyente periódico *Sud América*. Desde allí combate la candidatura presidencial de Rocha y termina apoyando a Juárez Celman.
Viaja a Europa en misión oficial (1885), para negociar con banqueros ingleses y franceses. A su regreso, es designado

ministro de Guerra y Marina del presidente Roca. Muere su madre a los sesenta y dos años.
Es elegido vicepresidente de la República en 1886, con el voto de 179 electores, integrando la fórmula encabezada por Miguel Juárez Celman. Paul Groussac le aconseja no aceptar una posición secundaria.

1887/1890

Vice-presidente

Ejerce la Vicepresidencia sin participar activamente en las funciones de gobierno. El 21 de septiembre de 1888 pronuncia la oración fúnebre con motivo de la llegada a Buenos Aires de los restos de Sarmiento. Inaugura la primera sección de las obras del puerto de Buenos Aires en 1889. Vuelve a viajar a Europa para realizar gestiones financieras. Durante su ausencia, se agrava la situación económica y política del país. Pellegrini maniobra para bloquear la candidatura de Ramón J. Cárcano.
Se acentúa la crisis. El 26 de julio de 1890 estalla la Revolución del Parque, encabezada por la Unión Cívica.
Pellegrini participa activamente en la represión del movimiento revolucionario. El 6 de agosto renuncia Juárez Celman. Al día siguiente, Pellegrini asume la presidencia en medio de una manifestación multitudinaria. Forma un gabinete de coalición, con

Roca en el Ministerio del Interior, Eduardo Costa (mitrista) en Relaciones Exteriores, Vicente F. López (cívico) en Hacienda, Nicolás Levalle (roquista) en Guerra y Marina, y José M. Gutiérrez (mitrista) en Justicia, Culto e Instrucción Pública. Sus primeras medidas procuran conjurar la difícil situación financiera del país y reducir las tensiones políticas. Propone la creación de la Caja de Conversión, medida sancionada por el Congreso en octubre. Envía a Europa a Victorino De la Plaza para gestionar un empréstito.

1891/1893

Presidente

Pellegrini gobierna en un clima de marcada inestabilidad política y económica.
Durante su gestión se sancionan varias leyes impositivas, con el propósito de mejorar la recaudación. El 6 de marzo convoca una «Asamblea de notables» para lograr apoyo a su programa de gobierno. Pellegrini sostiene el intento de Roca de llevar como candidato presidencial a Mitre. La maniobra fracasa. Funda el

Banco de la Nación Argentina.
En abril de 1892 decreta el estado de sitio: Alem es encarcelado. Acompaña la candidatura presidencial de Luis Sáenz Peña, sostenida por Mitre y Roca.
Después de abandonar el gobierno se aleja momentáneamente de la vida pública. Entra a formar parte de la casa de remates de los señores Funes y Lagos.
Acepta la presidencia del Banco Hipotecario Nacional 1893). Retorna a la política para apoyar al presidente Luis Sáenz Peña en la represión de los levantamientos radicales de 1893.

ARGENTINA	EL MUNDO
1881 Creación de una moneda única para todo el país. Venta de tierras fiscales ganadas con la campaña de Roca.	1881 Rusia: los anarquistas asesinan al zar Alejandro II. Muere Benjamín Disraeli.
1882 Fundación de la ciudad de La Plata.	1882 Ricardo Wagner: *Parsifal*.
1883 Domingo F. Sarmiento: *Conflicto y armonías de las razas en América*.	1883 Federico Nietzsche: *Así hablaba Zaratustra*.
1884 Ley de enseñanza laica, gratuita y obligatoria. Muere en París Juan Bautista Alberdi. Miguel Cané: *Juvenilia*.	1884 Conferencia internacional de Berlín, para tratar el reparto de África.
1886 Presidencia de Juárez Celman. Podestá estrena *Juan Moreira*.	1885 Emilio Zola: *Germinal*.
	1886 Abolición de la esclavitud en Cuba y Puerto Rico. John Pemberton inventa la «Coca Cola».

1881/1886

1887 Primer censo de Buenos Aires: 433.375 habitantes. Bartolomé Mitre: *Historia de San Martín*.	1887 Chicago: ejecución de los líderes de la huelga del 1º de mayo de 1886. Dunlop desarrolla el neumático.
1888 Ley de matrimonio civil. En Asunción, muere Domingo F. Sarmiento.	1888 Abolición de la esclavitud en Brasil. Fundación del Partido Socialista Obrero Español. Londres: se publica el *Financial Times*.
1889 El 1 de septiembre se realiza el mitin del Jardín Florida: surge la Unión Cívica de la Juventud.	1889 Se crea la Segunda Internacional. Brasil: proclamación de la república. Vincent Van Gogh: *Autorretrato con la oreja cortada*.
1890 El 26 de julio la Unión Cívica, encabezada por Leandro N. Alem, inicia la revolución del Parque. Es derrotada. Renuncia de Juárez Celman: Carlos Pellegrini presidente. Se celebra por primera vez el 1º de mayo.	1890 Cecil Rhodes, primer ministro de El Cabo. Bismarck abandona la cancillería alemana. Se celebra por primera vez el 1º de mayo. Paul Cézanne: *Jugadores de cartas*.

1887/1890

1891 División de la Unión Cívica. Nace la Unión Cívica Radical. Se funda el Partido Modernista, liderado por Roque Sáenz Peña. Julián Martel: *La Bolsa*.	1891 Francia: fracasa el golpe de Boulanger. León XIII: Encíclica *Rerum Novarum*. Se crea el cheque de viajero.
1892 Triunfa la fórmula Luis Sáenz Peña-José Evaristo Uriburu.	1892 Oscar Wilde: *El abanico de Lady Windermere*. Henri Toulouse-Lautrec: *En el Molino Rojo*.
1893 Son sofocadas las revoluciones provinciales dirigidas por la Unión Cívica Radical. El país exporta más de 1.000.000 de toneladas de trigo. El primer tranvía eléctrico de América del Sur comunica La Plata y Ensenada.	1893 Hawai se convierte en un protectorado de los Estados Unidos. Nueva Zelanda: voto femenino. Rudolf Diesel: motor de gasoil. Ley francesa de asistencia médica gratuita. Masacres en Armenia.

1891/1893

CARLOS PELLEGRINI

1894/1900

La gran muñeca

Se presenta como candidato a gobernador de la provincia de Buenos Aires y es derrotado. Polémica con Alem.

En enero de 1895 renuncia Sáenz Peña. Asume la Presidencia José E. Uriburu y se restablece el predominio de Roca y Pellegrini en el P.A.N. y en la política nacional. En febrero, Pellegrini es electo Senador Nacional. Defiende en el Senado una posición pacifista en el conflicto de límites con Chile. Muere su amigo Ignacio Pirovano.

En 1896 viaja a Asunción del Paraguay. A su regreso publica *Treinta años después* en la *Revista de Derecho, Historia y Letras* dirigida por Estanislao Zeballos. Apoya la reelección de Julio A. Roca en la conferencia del teatro Odeón (1897). Sufre serios problemas de salud.

El 11 de marzo de 1898 se embarca rumbo a Europa. En Francia tiene una crisis de su enfermedad y pasa varios meses convaleciente. Hacia fin de año se recupera y viaja por Alemania, Holanda y Bélgica.

En 1899 recorre Montecarlo, Niza, Génova, Roma, Nápoles, Constantinopla, Grecia, Sofía, Belgrado, Budapest y Viena. Tras una corta estada en Londres, el 15 de julio se embarca en Génova hacia Buenos Aires donde es recibido calurosamente. De vuelta en el Senado fundamenta y defiende la Ley de Conversión.

Funda el diario *El País* (1900) de tendencia conservadora y proteccionista. Viaja nuevamente a Europa. En octubre, recibe un pedido del gobierno argentino para que colabore en la negociación con los bancos extranjeros sobre la unificación de la deuda nacional.

1901/1906

La reforma política

A su regreso de Europa, defiende en el Senado el proyecto de unificación de la deuda presentado por el gobierno de Roca. Ante la oposición de la opinión pública porteña, Roca retira el proyecto. Pellegrini rompe política y personalmente con Roca. Comienza su separación del oficialismo y su actuación opositora.

En 1902 apoya el proyecto de ley electoral del ministro Joaquín V. González. Integra, en 1903, la *Asamblea de notables*, convocada a instancias del vicepresidente Quirno Costa. Roca y Ugarte se oponen a la candidatura

presidencial de Pellegrini y apoyan la de Quintana, cercano a Mitre. Pellegrini y sus seguidores fundan en octubre el partido Autonomista.

Es derrotado por el oficialismo en las elecciones a Senador Nacional de Buenos Aires (1904). Emprende otro largo viaje por Europa y Estados Unidos. Fruto de ese viaje serán las «Cartas Norteamericanas» que publica en *La Nación* y su artículo sobre «La organización del trabajo».

En agosto de 1905 retorna a Buenos Aires. En septiembre muere su amigo Miguel Cané.

Organiza con Emilio Mitre en 1906 una coalición política opositora que reúne a autonomistas, republicanos y radicales bernardistas. La coalición triunfa sobre el oficialismo en las elecciones porteñas para diputados nacionales. Los principales derrotados son los seguidores de Marcelino Ugarte, gobernador de Buenos Aires. Pellegrini vuelve a la Cámara de Diputados luego de 28 años. Pronuncia su último discurso de fuerte tono opositor y reformista. Muere el 17 de julio en la ciudad de Buenos Aires. Su prematura muerte deja sin liderazgo a la fracción antirroquista del oficialismo. Será reemplazado, posteriormente, en esa función por Roque Sáenz Peña.

ARGENTINA	EL MUNDO

1894 El 22 de noviembre renuncia Luis Sáenz Peña. Uriburu asume la presidencia; crece la influencia de Roca.

1895 Se realiza el segundo censo nacional: la población total es de 3.954.911 habitantes.

1896 Muerte de Aristóbulo del Valle. Suicidio de Leandro N. Alem. Creación del Partido Socialista. Paul Groussac funda *La Biblioteca*. Se proyectan películas de los hermanos Lumière.

1897 Política de las «paralelas». Leopoldo Lugones: *Las montañas de oro*. Fray Mocho: *Memorias de un vigilante*.

1898 Elecciones presidenciales: triunfa la fórmula Julio A. Roca-Norberto Quirno Costa. Problemas de límites con Chile. Aparece *Caras y Caretas*. Roberto J. Payró: *La Australia argentina*.

1900 Juan Agustín García: *La ciudad indiana*.

1894 Francia: caso Dreyfus. Guerra entre China y Japón. Claude Debussy: *Preludio a la siesta de un fauno*.

1895 Rusia completa la conquista del Turquestán. Theodor Herzl: *El estado judío*. Primeras proyecciones cinematográficas.

1896 Sudáfrica: rebelión de los *boers*. Derrotas italianas en Abisinia. Atenas: celebración de los primeros juegos olímpicos. Rubén Darío: *Prosas profanas y otros poemas*.

1897 Creta se rebela contra el dominio turco. Herbert Wells: *El hombre invisible*.

1898 España pierde Filipinas y Cuba. Gustave Le Bon: *Psicología de las multitudes*. Metro de París.

1899 Conferencia internacional de La Haya. Movimiento antiextranjero en China.

1900 En China se extiende el movimiento *boxer*. Italia: un anarquista asesina al rey Humberto I. José E. Rodó: *Ariel*.

1901 Ley del servicio militar obligatorio.

1902 Tratado de paz y limitación de armamentos navales con Chile. 1º de mayo: gran concentración obrera en la Capital Federal. Ley de residencia.

1903 Las exportaciones de maíz superan los 2.000.000 de toneladas. Carlos O. Bunge: *Nuestra América*.

1904 Elecciones presidenciales: triunfa la fórmula Manuel Quintana-José Figueroa Alcorta. José Ingenieros: *La simulación en la lucha por la vida*.

1905 El 4 de febrero se produce una revolución radical, finalmente sofocada. Fundación de la Universidad de La Plata. José María Ramos Mejía: *Rosas y su tiempo*.

1906 Muerte de Bartolomé Mitre y de Manuel Quintana. Jacinto Benavente y María Guerrero visitan Buenos Aires.

1901 Gran Bretaña: coronación de Eduardo VII. K. C. Gillette solicita la patente de su máquina de afeitar. Estados Unidos: asesinato del presidente MacKinley. Sigmund Freud: *Psicopatología de la vida cotidiana*.

1902 Las potencias europeas bloquean las costas venezolanas y exigen el pago de la deuda externa. Lenin: *¿Qué hacer?*

1903 Henry Ford funda su compañía de automóviles. José Batlle y Ordóñez llega a la presidencia del Uruguay.

1904 Guerra ruso-japonesa. Theodore Roosevelt gana las elecciones en Estados Unidos. Se inician las obras del canal de Panamá. Giacomo Puccini: *Madame Butterfly*.

1905 Revolución en Rusia. China: Sun-Yat-Sen organiza el Kuo Min-Tang.

1906 Gran Bretaña: fundación del Partido Laborista. Francia: rehabilitación de Dreyfus.

BIBLIOGRAFÍA

OBRAS DE PELLEGRINI

La producción escrita de Pellegrini está conformada por una extensa gama de discursos políticos y parlamentarios, artículos periodísticos y unas pocas contribuciones en revistas especializadas. Son en su mayoría contribuciones breves sobre temas de actualidad, pues Pellegrini nunca escribió un libro. La gran mayoría de estos trabajos fue reunida por Agustín Rivero Astengo en tres volúmenes que acompañó con otros dos dedicados a la vida del político. Cf. su *Pellegrini. 1846-1906. Obras,* 5 volúmenes (Buenos Aires, Jockey Club, 1941). Este trabajo de indispensable consulta hace innecesaria la compulsa del intento pionero de Domingo del Muro (comp.), *Discursos y escritos del doctor Carlos Pellegrini* (Buenos Aires, Martín García Librero Editor, 1910). No agrega nada novedoso la más reciente y breve selección de José María Bustillo, *Carlos Pellegrini. Escritos y discursos* (Buenos Aires, Estrada, 1959).

OBRAS SOBRE PELLEGRINI

Carlos Pellegrini ocupó un lugar central en la vida política argentina durante más de treinta y cinco años (c.1870 - c.1906). No hay, por lo tanto, historia general del período que no mencione, aunque más no sea brevemente, su actuación. Existen, además, diversos trabajos dedicados específicamente a la descripción o evaluación de sus ideas o de su vida pública. En estas páginas se hará mención especialmente de este segundo grupo de obras, seleccionando aquellas que parecen más útiles para futuras indagaciones.

BIOGRAFÍAS

A pesar de cierta falta de sistematicidad, la obra más útil sobre la vida pública y privada de Pellegrini sigue siendo la ya comentada biografía de Rivero Astengo. Esta obra puede ser marginalmente completada con el estudio preliminar de Bustillo en su citada selección, con Alfredo Labougle, *Carlos Pellegrini. Un gran estadista. Sus ideas y sus obras* (Buenos Aires, El Ateneo, 1957) y con Jorge Newton, *Carlos Pellegrini. El estadista sin miedo* (Buenos Aires, Claridad, 1965). Estas tres biografías son ampliamente favorables a la personalidad estudiada. Después de finalizado este trabajo apareció una nueva biografía de Pellegrini: Enrique G. Herz, *Pellegrini, ayer y hoy* (Buenos Aires, Centro de Estudios para la Nueva Mayoría, 1996).

Más equilibradas y perceptivas, aunque también favorables, son las breves viñetas que le dedicó, en la época, Estanislao Zeballos en la conocida *Revista de Derecho, Historia y Letras*. La primera fue publicada en el tomo V introduciendo unos recuerdos de viaje de Pellegrini ("Vagando") y las tres restantes en el volumen XXV, con motivo de su muerte, y acompañando una evocación de Pellegrini sobre la batalla de Tuyutí ("Treinta años después") y la correspondencia que mantuvo con el mismo Zeballos ("Cartas íntimas").

Para un mayor conocimiento de la personalidad y carácter de Pellegrini lo mejor sigue siendo el capítulo que le dedicó Paul Groussac en *Los que pasaban* (Buenos Aires, Sudamericana, 1939). Una parte había sido publicada en *La Biblioteca*, vol. II (Buenos Aires, 1896). Son, también, de interés las observaciones del periodista Joaquín de Vedia en *Como los vi yo* (Buenos Aires, 1954) y los curiosos recuerdos del español Francisco Grandemontagne en "El Bristol o la Atalaya del País" (*La Prensa*, Buenos Aires, 19 de febrero de 1922). Ramón Columba recordó la figura de Pellegrini en su último año de actuación parlamentaria, a través de una interesante entrevista al diputado socialista Alfredo Palacios. Cf. *El Congreso que yo he visto (1906-1943)*, vol. I (Buenos Aires, Columba, 1978). Finalmente Ricardo Rojas da una visión heterodoxa y discutible de los intereses y gustos literarios de Pellegrini en *Los arquetipos* (Buenos Aires, 1922).

Estos trabajos sobre distintas facetas de su personalidad pueden enriquecerse con los recuerdos de su amigo Exequiel Ramos Mejía, *Mis memorias. 1853-1935* (Buenos Aires, La Facultad, 1936) y, muy especialmente, con la buena biografía de Ricardo Sáenz Hayes, *Miguel Cané y su tiempo. 1851-1905* (Buenos Aires, Kraft, 1955), que contiene parte de la sugerente correspondencia entre Pellegrini y quien fuera su amigo más cercano. Ambas personalidades tuvieron un papel central en la fundación del Jockey Club, episodio que fue bien analizado por Francis Korn en "La vida distinguida" en J. L. y L. A. Romero (dir.), *Buenos Aires. Historia de cuatro siglos*, II (Buenos Aires, Abril, 1983). Existen una serie de breves, y en general favorables, conferencias publicadas (Julio Noé, Alberto Rodríguez Varela, Norberto Rodríguez Bustamante, Julio Rojas, León Benarós, Matías Sánchez Sorondo, Arturo Frondizi, etc.) de las cuales la de Horacio Zorraquín Becú "Pellegrini, el político" (Buenos Aires, 1962) aporta consideraciones útiles sobre el papel de la amistad en su carrera política.

Las distintas etapas de la actividad política de Pellegrini requieren todavía de un análisis sistemático y equilibrado. Algo se ha escrito sobre su breve presidencia en el convencional capítulo que le dedica Enrique Ruiz Guiñazú, "Presidencia del doctor Carlos Pellegrini (1890-1892)" en Academia Nacional de la Historia, *Historia argentina contemporánea. 1863-1930*, vol I

MEMORIAS Y RETRATOS

SOBRE SU ACTUACIÓN POLÍTICA

(Buenos Aires, El Ateneo, 1965). Miguel Ángel Cárcano contribuye con un intento similar, con más énfasis interpretativo, pero con algún que otro error factual. Cf. su "Presidencia Pellegrini. (1890-1892)" en Roberto Leviller (comp.) *Historia Argentina,* vol.v (Buenos Aires, Plaza y Janés, 1968). Para dos interpretaciones disímiles entre sí y con los dos trabajos recién citados, puede consultarse a Horacio J. Guido *Secuelas del unicato 1890-1896* (Buenos Aires, Ediciones La Bastilla, 1977) y Ezequiel Gallo, "Un quinquenio difícil: las presidencias de Carlos Pellegrini y Luis Sáenz Peña (1890-1895)" en G. Ferrari y E. Gallo (comps.), *La Argentina del Ochenta al Centenario* (Buenos Aires, Sudamericana, 1980).

SOBRE SU PENSAMIENTO

El mejor trabajo sobre el pensamiento de Carlos Pellegrini es el de Juan Fernando Segovia, *El pensamiento político y económico de Carlos Pellegrini. Su actualidad* (Mendoza, Fundación Carlos Pellegrini, 1989). De menor interés analítico pero muy útil por la vasta información que contiene son los dos volúmenes publicados por Horacio Cuccorese, *El tiempo histórico de Pellegrini* (I) *Estudios Políticos y Jurídicos* (II) *Estudios Económicos y Sociales* (Buenos Aires, Fundación para la Educación, la Ciencia y la Cultura, 1985). Para la política económica del gobierno de Pellegrini puede ser útil el artículo de John H. Hodges "Carlos Pellegrini and the Financial Crisis of 1890" en *Hispanic American Historical Review* (L. 3, 1970), que debe cotejarse con el capítulo correspondiente en Roberto Cortés Conde, *Dinero, deuda y crisis. Evolución fiscal y monetaria en la Argentina. 1862-1890* (Buenos Aires, Sudamericana-Instituto Torcuato Di Tella, 1989).

Las ideas proteccionistas de Carlos Pellegrini han recibido más atención que otras dimensiones de su pensamiento económico. La obra más general es la de Donna Guy "La política de Carlos Pellegrini en los comienzos de la industrialización argentina. 1873-1906" en *Desarrollo Económico* (No. 87, Buenos Aires, 1987). Para la primera etapa debe consultarse José Carlos Chiaramonte, *Nacionalismo y liberalismo económico en la Argentina. 1860-1880* (Buenos Aires, Solar-Hachette, 1971) , y para la última Horacio Cuccorese agrega información útil en "Contribución a la historia de la industria en la Argentina: la prédica proteccionista de Carlos Pellegrini y la del periódico *El País*" en *Investigaciones y Ensayos* (No. 18, Buenos Aires, 1975).

OTROS TRABAJOS

En lo que antecede se han citado distintos trabajos que han sido publicados. Existen, además, algunas tesis doctorales inéditas que contienen información y análisis muy útiles sobre distintas etapas y facetas de la vida pública y de las ideas de Pellegrini. Para algunos aspectos económicos pueden verse William Timothy Duncan, *Government by Audacity. Politics and the Argentine Economy. 1885-1892*, tesis de doctorado (University of Melbourne, 1981) y Gerardo della Paolera, *How the Argentine Economy Performed During the International Gold Standard*, tesis de doctorado (University of Chicago, 1988). Para los aspectos políticos Paula Alonso, *The Origins of the Argentine Radical Party. 1889-1898*, tesis de doctorado (University of Oxford, 1992) y Dolores Cullen Crisol, *Electoral Practices in Argentina. 1898-1904*, tesis de doctorado (University of Oxford, 1994). Esta última autora ha escrito, también, una tesis de maestría dedicada especialmente a Carlos Pellegrini, *Carlos Pellegrini: Leyes electorales y fraude en la Argentina*, Instituto Torcuato Di Tella (Buenos Aires, 1993). Finalmente, para alguna referencia útil sobre la familia puede verse Hernando, Diana, *Casa y familia. Spatial Biographies in 19th. Century Buenos Aires*, tesis de doctorado, University of California, Los Angeles, 1973.

OBRAS DE REFERENCIA SOBRE EL PERÍODO

EL CONTEXTO INTERNACIONAL

El lector interesado puede recurrir a J.A.S. Grenville, *La Europa remodelada. 1848-1878* (México, Siglo XXI, 1976) ; Norman Stone, *La Europa transformada. 1878-1919* (México, Siglo XXI, 1985) y a los ensayos reunidos en F.H. Hinsley (comp.), *Material Progress and Word-Wide Problems. 1870-98* (The New Cambridge History, vol. XI, Cambridge, 1977).

ARGENTINA

Para el caso argentino puede consultarse Roberto Cortés Conde,"El crecimiento de la economía argentina. C.1870-C.1914" y Ezequiel Gallo, "Política y sociedad en la Argentina. 1870-1916" ambos en L. Bethell (comp.), *Historia de América Latina*, vol. X, (Barcelona, Crítica-Cambridge University Press, 1992). Ambos trabajos contienen una abundante bibliografía comentada sobre el período. Para el sistema político de la época debe consultarse Natalio R. Botana, *El orden conservador. La política argentina entre 1880 y 1916* (Buenos Aires, Sudamericana, 1994). Sobre las ideas políticas vigentes en la época sigue siendo útil José Luis Romero, *Las ideas políticas en la Argentina* (México, Fondo de Cultura Económica, 1956), al cual ahora se le puede añadir Natalio R. Botana y Ezequiel Gallo, *De la República posible a la República verdadera. 1880-1910* (Biblioteca del pensamiento argentino, III, Buenos Aires,Ariel, 1997, en curso de publicación). Este volumen contiene una amplia selección de textos de época. Como complemento puede utilizarse Eduardo Zimmermann, *Los liberales reformistas. La cuestión social en la Argentina. 1890-1916* (Buenos Aires, Sudamericana-Instituto Torcuato Di Tella, 1994), que analiza un tema que interesó mucho al Pellegrini de los últimos años.

Esta tirada consta de 7.000 ejemplares.